読みなおす日本史

鉄砲とその時代

三鬼清一郎

吉川弘文館

はじめに

織田信長が足利義昭を擁して上洛する永禄十一年（一五六八）から、豊臣秀吉の死後、関ヶ原の戦いで徳川家康の覇権が確立する慶長五年（一六〇〇）までの間は、一般に安土桃山時代と呼ばれ、二人の権力者の姓から一字ずつをとって織豊政権期とも呼ばれている。われわれは、この一六世紀末の約三〇年間について、どのような時代像を描くであろうか。

鉄砲やキリスト教を介した異国との出合いや、天守閣をもつ城郭建築の威容など、純日本的な美に異国情緒を織りまぜ、この間に生起した種々の出来事に、信長・秀吉の人間像を重ね合わせ、さまざまの感想を抱くにちがいない。日本の歴史を通観しても、これほど波瀾に富んだ、生き生きと感じさせる時代はなかったとさえ言えるだろう。

ザビエルがキリスト教をわが国に伝えた天文十八年（一五四九）、信長は尾張の熱田八か村に制札を下し、はじめて確実な史料のうえに登場してくる。ポルトガル船が鉄砲をもたらした天文十二年（一五四三）には、信長は元服まえの一〇歳の少年であった。秀吉は信長よりも二、三歳年下である。ここから、大坂夏の陣によって豊臣家が滅亡する慶長二十年（＝元和元年、一六一五）までを数えても七〇年ほどである。武士であれ百姓・町人であれ、日本のどこか片隅で、この時期の動きを見届けた人も、かなりいたにちがいない。彼らは、みずからこの動きにかかわっていながら、どのように自分をとらえていたであろうか。

当然のことながら、われわれの意識は、彼らと共有することができない。いまのわれわれは、近代的な発想や感覚に慣れ、浸りきっており、それですべてを処理しがちだからである。たとえば、安土桃山時代を象徴するものとして、われわれはまず城を思いうかべるであろう。信長の安土城は姿を消しているので、秀吉が築いた大坂（阪）城がその代表格となろうが、石垣と白壁のうえにそびえる天守閣の雄姿は、ながく人々に親しまれてきている。しかし、当時の記録では、室内には金箔を施し、屋根瓦はすべて黄金色で、塔には金色および青色の飾りをつけ、遠くからみるといっそう荘厳な観を呈したとある。われわれが白のイメージでとらえる大坂城は、じつは極彩色だったのである。しかも、この城は豊臣家と運命をともにして焼け落ちてしまい、現在の天守閣は、一九三一年（昭和六）に「大坂夏の陣図屏風」をもとに作られた鉄筋コンクリート製のものなのである。当時の城は、すべて木製だったという単純な事実さえも、ともすれば忘れがちのわれわれは、現代風の感覚で四〇〇年まえの姿をみようとしているのではないだろうか。

この時期の史料を読みながら考えたことは、内容が理解できたと思ったことについても、当時の人の目からみれば全くの的外れではないかということであった。いまの私は、時代背景を主にした通史的叙述を行なうには全く不充分な状態ではあるが、試行錯誤の過程のなかで記したのが本書である。大方のご批判・ご教示を得て、さらに考えていきたいと思う。

このような貧しい内容ではあるが、本書は、学生時代から御指導いただいている諸先生をはじめ、今日まで多くの方々からいただいた学恩によってでき上がったのである。とりわけ、現在の職場において、豊かなふくらみをもった研究を続けておられる諸先学や、それぞれの専攻分野で真摯にはげんでおられる友人たちから、強い示唆をうけてきた。芳名を記すことは遠慮させていただくが、この場をかりて御礼を申し上げたい。

本書の執筆にあたって、教育社の尾上進勇氏からおすすめをうけ、貝塚隆俊氏には長期にわたる督励をいただいた。予定を二年近く延ばしてしまったことへのお詫びとともに、感謝の意を表したい。

著　者

目次

はじめに……三
概観 近世のあけぼの……一一
時代区分をめぐる問題 内田銀蔵氏の歴史観 近世と近代 太閤検地論争と寄生地主制論争 信長・秀吉の人物像 織豊政権についての諸見解
1 キリシタンの世紀……二五
鉄砲とキリスト教……二六
鉄砲の伝来 日本人の武器感覚 キリスト教の渡来 イエズス会の性格 アジアにおけるキリスト教
南蛮という世界……三七
安土城論争 唐・天竺・南蛮 生糸と銀
日本における村と町……四四
ザビエルの日本人観 武士と農民 黄金の日日 都市の論理 墳墓の地 前近代社会における自由

2　信長・秀吉と天皇……五九
弾正忠と将軍義昭……六〇
織田政権の時期区分　官職と位階　五か条の事書　皇居修造と改元　一向一揆との対決　本能寺の変
関白の権限と機能……七三
豊臣政権の時期区分　全国統一の進展　関白任官　太閤検地　石高制の成立　朝鮮出兵　三国国割計画の破綻　秀次事件　秀吉の死
国郡制による支配の枠組……八九
封建的統一と天皇　津田左右吉氏の皇室観　天皇と国家の統治機構　宗教上の調停機能　叡慮による天下静謐　御前帳と人掃令
3　織豊政権下の武将像……一〇三
尾張の在地武士……一〇四
統一権力への服属　兼松正吉　国侍と軍事指揮権
子飼いの取立て大名……一〇九
譜代家臣の成長　加藤清正　武断派と吏僚派

外様の旧族大名……一一五
守護権の継承　伊達政宗　初期の御家騒動
秀次の側近武将……一二一
近江衆の形成　田中吉政　国家公権と主従制
秀頼の側近武将……一二七
伏見城と大坂城　片桐且元　幕府の国奉行
4　民衆から見た時代の様相……一三五
濃尾平野の百姓……一三六
兵農分離の進展　津島神社の太閤検地帳　石高制下の年貢
九州山村の名子……一四一
複合的大経営の解体　肥後藩人畜改帳　小農民の自立
東北沿岸の漁師……一四八
海賊衆の転化　石巻湾の水主役史料　封建的漁業秩序の形成
近江盆地の商人……一五三

楽市楽座令　今堀日吉神社文書　近世城下町の成立
畿内周辺の職人……一五九
社会的分業の展開　今井宗久書札留　身分と職能の確定
5　文化の伝統と断絶……一六五
屛風絵の世界……一六六
狩野派　無名の絵師たち　風俗描写の技法
神儒仏一体の思想……一七二
善光寺如来の勧請　宣教師追放令　不受不施派と隠れ念仏
キリシタンの消長……一八二
布教方針をめぐる対立　南蛮流の外科医術　背教の論理
終章　死生観をめぐって……一九一
鉄砲とキリスト教の渡来　文芸作品の空白期　平家物語　『信長公記』に描かれた信長の最後　秀吉の死を描かない『太閤記』　墳墓の地を切り離した鉄砲の威力　「南蛮宗」とみなされたキリスト教　『神国日本』　カミ・ホトケと祖先崇拝の観念

おわりに……二〇五
研究の手引……二一一
略　年　表……二三五

概観　近世のあけぼの

時代区分をめぐる問題　一六世紀中葉にヨーロッパより渡来した鉄砲とキリスト教は、戦国争乱の渦中にあったわが国に大きな影響を与えた。信長と秀吉の時代に確立された近世封建社会は、世界史上にも希と言われる集権的体制をもっており、江戸幕府はこれを受け継いでいる。時代区分のうえで、安土桃山時代（織豊政権）と江戸時代（幕藩体制）を合わせた約三〇〇年を近世と呼ぶが、この時期の歴史的特質は、他の国々と比較した場合、きわめて異なったものと言わなければならない。

一般に時代区分の方法として、古代・中世・近代の三つに大別する「三分法」が用いられている。社会構成の面からみれば、古代は奴隷制社会、中世は封建制社会、近代は資本制社会に該当するであろう。近世は、ヨーロッパではルネッサンス以降、フランス革命や名誉革命など市民革命にいたるまでの時期を指している。それは、中世の強固な身分秩序やカトリック教会が支配した暗黒時代から、新しい価値や理念にもとづいた合理主義の到来を意味し、「近代社会の序幕」として位置づけられているのである。

しかしながら、わが国の近世社会は、封建制が成立・展開する時期にあたっており、その意味からは中世社会と一括すべきものである。近世は early modern と一般に訳されているが、この訳語は、わが国に関するかぎり、きわめて不適切であり、概念を大きくゆがめる危険すらあるように思われる。適当な外国語に置き換えにくいということは、わが国の近世社会を理解するためには、外国の史実から抽出した概念を機械的に適用するのではなく、それらの概念や理論を主体的に受けとめ、わが国の史実の分析を通じて再構築していくという作業が必要であることを示していると言えよう。

わが国の近世社会は、ヨーロッパ近代史学がつくり出した時代区分法では、充分な歴史的規定性が与えられないということは、当然のことながら、なんらかの歴史概念を用いてわが国の史実を分析するとき、それに必要な方法上の吟味を経ない場合には、つねに図式的理解に陥ってしまう危険を伴っていたのである。

そのことは、一方では理論そのものを回避するという消極的態度を生み、他方では、理論への無条件的信奉という硬直化した態度を助長したと言えよう。

前者は、理論自体が一定の偏向を帯びたものであるから、それを排除することによって学問の客観性が保証されるという考えである。その結果、方法論上の認識を欠如した事例紹介や制度史研究を「実証」の名のもとに横行させた。

後者は、なんらかの公式をあてはめて史実を解釈することが「理論」的にも高度なものという考えである。その結果、史実の分析のなかから新たな論理を見出すことよりも、不毛な訓詁学的な論争へと導いた。

戦前の研究史を繙《ひもと》くとき、学問の進歩にとって不可欠な、立場を異にする研究者間の論争が、真に学問的な相互批判として行ないにくいような事情があり、それが、学問の自由を制約する政治的・社会的条件のなかで、さらに増幅されていったことが知られる。近世史研究は、多くの場合、近代に直結するものとして、維新史や日本資本主義発達史の前提として扱われたり、中世に合わせた形で、封建社会としての内容的な差異は問われぬままであった。いずれにせよ、その独自の社会構成上の問題は見失われていたと言えよう。

内田銀蔵氏の歴史観　わが国の歴史家で、近世という時代観念を最初に明確にしたのは内田銀蔵氏（一八七二〜一九一九年）であろう。氏は晩年に大阪の懐徳堂で行なった『近世の日本』と題する講演で、「今という時を起点として、それに近い時代を指す」という定義を下している。具体的には、大坂夏の陣によって豊臣氏が滅亡し、徳川氏が太平の世を謳歌した慶長二十年（一六一五）＝元和偃武の翌年から、ペリーが浦賀に来航し、それによって鎖国体制の夢が破られ、列強資本主義の波にまきこまれる嘉永六年（一八五三）の前年までを指している。明治・大正期は「最近世」であるが、ペリー来航から王政復古までを近世から最近世への過渡期とし、室町末期より元和偃武にいたる間は中世から近世への過渡期とし、広義には、これを含めて近世という時代相を描いている。

西洋史における近世について、内田氏は東ローマ帝国滅亡（一四五三年）、コロンブスのアメリカ大陸発見（一四九二年）、宗教改革（一五一七年）などを挙げているが、中国史の場合、漢末までを古代、唐末までを中世、宋から清までを近世としている。その理由は、宋代にいたって「学問芸術一体の風気が何となく伝習的の拘束を脱し、軽く明るい新味を帯び」るようになったと説明している。このような考えは、中国史の泰斗である内藤湖南氏の所説に通ずるものをもっている。内藤氏がわが国の歴史について、応仁の乱（一四六七年）以降が現代に連続するもので、それ以前の研究は、現代を理解するうえでは切り捨ててもよいとまで言い切っているのは、中世と近世との差異を強烈に認識したうえでのことなのである。

歴史学が、現在との関連において認識された過去を対象とするかぎり、近代に価値の基準をおくことは当然であろう。いわゆる「三分法」も、ルネッサンス期の人文主義者《ヒューマニスト》が、中世に絶対的権威を有していたカトリック教会との対比で、新しい理想像を提供するものと考えられたギリシア・ローマ時代をとらえ、暗黒時代を否定する契機をつかんだことに始まるから、近世は近代の序章として扱われている。内田氏の見解は、近世と近代を一括してとらえる点では軌を一にしている。その意味から、内田氏は「三分法」をもってわが国の近世史を把握した最初の人と言うことができよう。

近世と近代　近世と近代を直結してとらえる考えは、内田氏に限らず、戦前の研究者に共通するものであった。つまり、江戸時代において、明治維新を導くような契機が、どのように形成されてきたか、あるいはほとんど存在しなかったか、といった点が主たる関心であった。

近世封建社会の研究を、近代社会を解明するための歴史的前提としてとらえることは、それ自体として正しい問題視角であり、今日においても変わるところはない。ただ、江戸時代において、資本主義の萌芽が存在したか否かという問題を、内外の具体的条件を分析せぬままに議論するとき、ともすれば、すでに江戸時代に近代化が達成されているとか、逆に、明治以降においても封建制が強固に支配しているといったような形で、とかく一面的な強調に陥りがちになる。

一九三〇年代に華々しく行なわれた「日本資本主義論争」は、学問の自由が制約されている社会情勢を抜きにして考えることはできないのであるが、近世の社会構造が有する独自の意義を捨象し、近世と近代とを無媒介に結びつけるという弱点をもっていたことは否定できないであろう。つまり、山田盛太郎氏らの講座派が、明治以後の農業における地主小作関係に半封建的性格を強調し、東北型地域の社会構造の分析を主眼とするのに対し、土屋喬雄氏らの労農派が、すでに幕末期に資本制的な生産関係が成立しているとして、西南型地域の農村工業を立論の根拠にするとき、いずれも、その主観的意図と離れて、近代化の契機を内在的要因に求めながら、近世社会の発展過程に含まれるさまざまの問題を欠落させる結果となってしまったのである。

さらに最近では、日本を非ヨーロッパ地域における近代化の例証として、たとえば元禄文化を近代文化の源流とするような形で直結させ、現代日本の出発点を近世に求めるような見解もみられる。近世を、日本文化の特質が形成された一つの時期としてとらえることは正しいとしても、それ以上の意味づけは危険であろう。日本近代化の主体を追究する視点や、近代のもつ社会的矛盾の問題を後方に押しやるとき、すべてが解決ずみとなった理想化された近代史像が描かれがちである。少なくとも、近世までのわが国の歴史が、近代社会をいかに刻印づけたかという問題は不問となり、幕末から維新の過程がはらむ重要な問題も無視されてしまうのである。

このような傾向に対して、近世封建社会の生成・発展・消滅という全過程を通じて、その具体的内容を、史実の分析を通じて明らかにし、総体として、それがわが国の近代社会をどのように性格づけたかという問題を追究する視角を作ることが、われわれにとって必要なことと思われる。学問が、仮説―検証という無限の繰り返しの過程のなかにあるならば、現実の課題を解明するためには、歴史的側面の分析における手続きの厳密性が、強く求められているものと言えよう。

太閤検地論争と寄生地主制論争　一九五〇年代初頭に展開されたこの二大論争は、近世封建社会の成立期・解体期という歴史上の変革期の史実を、どのように整合的に理解するかという問題を通じて、日本封建制の世界史的性格を把握しようというもので、近世史研究は、これを契機として大きな進展をみたのである。

敗戦後における近世史研究は、農村史が盛行をみせていた。これは、万邦無比といった独善的な皇国史観に代わって、世界史の基本法則という普遍的な原理がわが国にも貫徹しており、近代社会の成立を導くような下からの動きが、どの地域の農村にも認められるという前提ですすめられたものである。同時にそれは、戦前からの着実な研究が、一挙に花開いたものとも言えよう。暗い谷間の時代に、学問的節操を守りながら努力されてきた藤田五郎氏らが、この時期の研究を力強くリードしていた。日本の民主化という現実的課題にこたえるには、近代化の阻止要因としての封建制の克服がその第一歩とされ、近世史研究は、反封建闘争という情熱に支えられ、全国的にひろがっていったのである。

しかし、社会情勢の変化につれて、研究上の課題と実践的関心とに乖離が生ずるようになったが、それに代わるべき新しい問題意識を明確にしえぬままに、個別研究が続けられた。近世史研究は、大きな壁に直面していたのであるが、この二大論争は、研究上の隘路を打ち破り、さらに飛躍する契機を作ったものと言えよう。

太閤検地論争は、これまで漠然と封建社会として一括されてきた中世と近世との、社会構成体としての差異の問題を浮かび上がらせ、豊臣秀吉による全国的な検地の施行が、幕藩体制の基礎をなす小農民経営＝農奴制の形成に、いかなる役割を果たしたかという点に議論が集中した。この問題の主唱者である安良城盛昭氏は、太閤検地は自立した小農民経営を権力の基礎とする目的をもつもので、奴隷制から農奴制への転換という大きな社会変革の画期をなすものという評価を与えた。宮川満氏は、検地帳などの分析を通じて、太閤検地は室町期における有力名主百姓の夫役経営＝農奴制を分解し、多数の零細な小百姓を検地帳に登録させ、本百姓と水呑百姓からなる隷農制を確立させる原動力となったもので、一定の革新的意義をもつと主張した。後藤陽一氏は、すでに戦国大名の段階で、検地による小農民把握がなされており、太閤検地は、これを全国的に統一した基準で推進しつつ、小農民を生産の担い手とする年貢村請の体制を確立させたところに現実的意義を有するという見解を表明した。

これらの議論をもとに、幕藩体制社会の構造的特質を明らかにするため、国内の歴史的諸条件をふまえた権力構造論が、一九六〇年代には軍役論という形をとって展開され、一九七〇年代には、小農民の存在形態の特質を包みこんだ封建国家としての特質の問題が、幕藩制国家論という名によって検討されている。論点は多岐にわたっており、そのなかから今後の課題を明確化することは容易ではないが、かつての太閤検地論争が、総体として何を明らかにし、何を未解決のまま残しているかを共通の認識としていくことが、まず必要なことのように思われる。

寄生地主制論争は、戦後の農地改革がもつ歴史的意義を把握しようという問題意識を根底におきつつ、この改革によって体制的に廃絶されたわが国の寄生地主制をトータルに理解することを目的としていた。具体的な論点としては、絶対王政の成立期に、いかなる性格の農民層分解が存在したか、また、寄生地主制が成立する前提条件に、小ブルジョア的な経済発展が必要か否かといった問題である。これは、明治維新の性格や地租改正の評価に連なるもので、内外の史実をもとに、活発な議論が展開された。

この二大論争は、歴史学における理論と実証のあり方や、世界史的普遍性と日本的特殊性との関連についての反省を迫るものであった。本書が対象とする織豊政権の研究は、とくに太閤検地論争に触発されて進展した分野の一つと言えよう。それは、応仁の乱から一世紀半におよぶ戦国の争乱を経過して成立した統一権力としての織豊政権は、日本封建制の成立にとって、いかなる意味をもつかという課題を、新たな内容をこめて提出したものだからである。これを具体的に明らかにすることは、現在において、はるかに隔たった封建社会の歴史事象を研究することの意義と目的を確認することにもなるであろう。

信長・秀吉の人物像　戦前はもちろん、今日においても、信長と秀吉は、人気のある歴史上の人物と言えよう。彼らの出自が、無名の名主百姓や在地土豪であることは、専制権力者としての面を見失わせ、庶民的性格さえも漂わせている。豊太閤出世物語に託したはかない夢は、時代を超えて、人々の共感を呼ぶゆえんでもあろう。ただ、われわれが無意識のうちに描いている信長・秀吉についてのイメージは、かなり作為的に築かれてきた側面があるということも、考えに入れておく必要があるように思われる。

江戸時代における信長・秀吉観は、徳川氏が武家政治の正統をひくことを強調する立場から、否定的にとらえられていた。幕府に近い立場の儒学者はもちろん、幕末の国学者や尊王論者も例外ではない。たとえば、信長が一族を謀殺して所領を奪い、性格が残忍で家臣の信望が得られず、非業の最期をとげたことや、秀吉が甥の秀次を死に追いやり、苛酷な検地や一銭切などの重罰で民衆を苦しめたという事実を強調することによって、江戸幕府成立の合理的必然性を暗示するのである。さらに、天道は人間の行為に正しく報いるという考えから、信長・秀吉の子孫が滅んだり、政権の座から遠ざけられたことは、彼らが天の理に従わなかった結果で、自業自得であるという観念が作られるにいたった。この観念が徹底すれば、幕府の存在そのものが理にかなったものとして絶対視される。大坂夏の陣で豊臣氏を全滅させた直後に発布された武家諸法度では、「法を以て理を破るも、理を以て法を破らざれ」とまで言っている。

このような、江戸時代における信長・秀吉観は、明治時代に入ると一変する。たとえば、秀吉の朝鮮出兵について、「我邦百万の生霊をして異賊の矢刃になやませ、其はては、富強の業二世に伝ふるに及ばず、悉く雪と消、氷ととけき」（『徳川実紀』）といった考えは、「皇威ヲ海外ニ宣へ、数百年之後、猶彼ヲシテ寒心セシム」（「慶応四年閏四月六日の仰出」）に逆転するのである。維新政府は、江戸時代には破壊され、祭礼も中止されていた豊国神社を再興しただけでなく、鳥羽・伏見の戦いでの戦死者を合祀するという演出までも行なった。この過程で、江戸時代の民衆のなかに根づいていた信長・秀吉に対する素朴な感情も、増幅して作り変えられ、英雄崇拝の観念として定着していくのである。

明治以後の近代史学は、信長・秀吉の史実について多くのことを明らかにした。個人の事蹟だけでなく、織田政権・豊臣政権という形をとって、さまざまの角度から研究がすすめられているが、人物像は時代とともに微妙な変化がみられる。少なくとも戦前には、ことさらに勤皇思想・皇室尊崇といった面が強調され、たとえば秀吉の朝鮮出兵についても、日露戦争のおりに『弘安文禄征戦偉蹟』が編集されるなど、時局と関連づけた評価が行なわれ、ついには「大東亜共栄圏の先駆」といった形で、侵略戦争を鼓吹し、国威発揚のシンボルとなっていくのである。

織豊政権についての諸見解　明治以後の近代史学の展開を跡づけながら、この問題を論ずることは容易でない。正反対のような見解でも、事実認識にほとんど差異がないものもあれば、結論は同一でも、立論の根拠が全く異なるものもある。それを詳述すれば、本書のスペースを軽く越えるであろう。ここでは、今後に一定の指針を与える内容をもつ先行研究について、とくに社会構成体の相違を念頭においた織豊政権の評価という側面に限定して、考察を試みることにする。

Ⅰ　中世から封建社会であるが、織田・豊臣政権は、封建制を近世的な形に構築したという考え。

Ａ　織田・豊臣政権を一括するもの

ａ　封権制の進化発展説（藤田五郎氏）

本百姓の一般的形成、金納地代を伴った生産物地代の成立などによって、封建制が純粋化したという考え。

ｂ　封建制再編成説（中村吉治氏）

戦国期のアナーキーによっていったんは解体しかかった集権的封建体制が、貨幣経済の発展や大名領国制の成長などによって、再編成されたという考え。

ｃ　初期絶対主義説（服部之總氏）

土一揆・徳政一揆に代表される農民戦争や、倭寇《わこう》のような海賊的商業に対応して、戦国末期には資本制的生産様式の萌芽がみられたが、検地から鎖国にいたる反動的政策によって流産させられ、もとの純粋封建制に戻ったという考え。

Ｂ　織田・豊臣政権を分離するもの

ｄ　封建制再編成説（脇田修氏）

ｂと近似するが、織田政権の政策基調の分析から、これを中世的権力の最末期とみなし、近世的権力である豊臣政権と一線を画する考え。

Ⅱ　中世は家父長的奴隷制社会であり、近世にはじめて封建社会が成立したという考え。

Ａ　織田・豊臣政権を一括するもの

ｅ　織田政権＝封建制確立説（今井林太郎氏）

中世以来の複雑な土地所有関係を整理し、一円支配体制への途を開いたことの意義を強調する考え。

Ｂ　織田・豊臣政権を分離するもの

ｆ　豊臣政権＝封建制確立説（安良城盛昭氏）

太閤検地が近世封建社会を成立させる契機をなすもので、織田政権は、戦国大名と同じく中世的権力であるという考え。

ｇ　織田政権＝超越的絶対権力説（朝尾直弘氏）

基礎構造についての理解はｆに近いが、信長の晩年における自己絶対化＝神格化をもって、将軍権力の創出とみなす考え。

h　徳川政権＝封建制確立説（佐々木潤之介氏）

ｆに立脚するが、豊臣政権は基礎構造は近世化されているものの、権力構造は中世的であるから、過渡的政権と評価し、織田政権は戦国大名とともに中世的権力とみなす。本格的な封建制の確立を寛永期におく考え。

以上、かなり大鉈を振るうつもりで研究史の整理を行なってみた。微妙なニュアンスの差などは無視する結果となったが、詳しくは巻末の「研究の手引」を参照していただきたい。個々の論点については触れないことにする。なお、私はｆに近い立場をとるが、織田・豊臣政権の差異の問題は、戦国大名や徳川政権など近接する他の権力と合わせて具体的に検討することによって、はじめて浮かび上がらせることができると考える。二つの権力を、当初から異質なものという前提で分析すれば、析出されたものが「差」としてしか認識されず、それがもつ意味も結局はわからなくなるからである。

以上の点をふまえて、最初に、時代背景の問題を、主としてキリシタン関係の記録類を使って考察してみたい。

1 キリシタンの世紀

鉄砲とキリスト教

鉄砲の伝来　一六世紀に入ると、戦国の争乱はさらに激しさを増した。室町幕府の実権は衰え、細川・三好・松永らが勢力を伸長し、武田・今川・上杉・北条らの戦国大名も入り乱れて抗争をくりひろげ、一向・法華宗徒の一揆も勃発した。信長の父・織田信秀や、家康の父・松平広忠も、そのころは東海地方の一大名にすぎなかった。全国各地では、国人・地侍層が下剋上の動きを見せ、名主百姓らも武装してこの戦いに加わった。名子・被官といった隷属民も、農業生産力の向上を背景に、土地との結びつきを強め、小経営として自立する方向をめざしていた。わが国の歴史のなかで、この前後の約一世紀は、近代社会の黎明期にあたる明治維新の前夜と並んで、民衆のエネルギーが激しく揺れ動き、躍動感にあふれ、生命力に満ちた時代だったのである。

このころ、わが国に渡来した鉄砲とキリスト教は、これまで外国とのかかわりを膚で感じることのなかった日本人の内部に大きな波紋を投げかけ、その後の歴史の流れに強い影響を与えた。

鉄砲は、天文十二年（一五四三）秋に種子島へ漂着したポルトガル人から、領主の種子島時堯が手に入れたことにはじまる。これは、薩摩大竜寺の僧・文之が撰した『鉄炮記』（南浦玄昌選述）によるもので、キリシタン宣教師の記録などと若干の差異があるが、この前後に南蛮船によってもたらされたことは確実であろう。

この鉄砲は火縄式の錬鉄製の小銃で、銃口から黒色火薬と鉛玉を入れ、火打石を用いて火縄に点火し、中に詰めてある火薬を爆発させて鉛玉を発射する方式である。装塡に時間がかかり、雨の日には使用できないなどの難点はあるが、当時としては画期的な武器であった。すぐに紀州の根来・泉州の堺などにも伝わり、すぐれた刀鍛冶の技術と結びついて、鉄砲は国内で大量に製造されるようになった。鉛玉や火薬（塩硝＝硝石と硫黄を用い、木炭の粉を加える）も、各地の大名領国内で量産された。もっとも、原材料は外国に頼らざるをえず、南蛮貿易を通じて輸入された。後年のことになるが、秀吉は朝鮮出兵に際して、大量の鉛・塩硝を長崎で購入するため、一万三千石の蔵米を石見銀山へ送り、見返り品の銀を確保している。硫黄は国産でまかなうことができ、中国への輸出品でもあったが、品質は必ずしも充分ではなかった。出陣した諸大名は、現地で火薬の調合を行なっている。

鉄砲の普及は、戦闘のさいに集団行動をとることを必然化した。弓矢や刀剣での戦いは人力のおよぶ範囲に限られ、小人数での接近戦が多かったが、鉄砲は遠距離からの攻撃が可能で、抜群の破壊力をもっている。天正三年（一五七五）の長篠の戦いで、信長は三〇〇〇挺の鉄砲隊を三段に分け、前方に柵を設けて待ちうけ、交互に発射して隙を与えず、武田勝頼の率いる甲州の騎馬武者に壊滅的打撃を与えた話は有名である。ただ、鉄砲は一〇〇〇挺だったという記録もあり、それらをどこで調達し、どのように輸送したかといった点も明らかでない。長篠の地理的条件などと合わせて、さらに検討が必要であろう。

日本人の武器感覚　寛永十四年（一六三七）の島原・天草一揆を主題にした堀田善衛氏の小説『海鳴りの底から』は、キリシタン画家で最後には背教者となる山田右衛門作《えもさく》を主人公に、原城に立て籠った三万七〇〇〇人の百姓たちの心情を通して、この一揆を描いている。そのなかで氏は、「百姓原《ばら》皆悉ク素肌ナレバ、誰カ城中ノ鉄砲ヲ恐レザランヤ」という、ある文献史料の一節に触れながら、次のように記している。

権力と相対して、民衆がつねに、ほとんど四百年来、非武装、「素肌」であったという点に、われわれの歴史の非常な特殊性があったのではないか、と私には思われる。……それが、国民の心性に与えて来た影響というものも、他の国の人々とはずいぶん、ほとんど根本的に違うものではなかろうか。

この小説は、一九六〇年の安保闘争のころに「朝日ジャーナル」に連載されたもので、国会議事堂前を埋めつくした無防備の民衆に対峙する強大な国家権力の姿に、三百何十年前の歴史的事件が、底の方で通いあっていくという実感が、モチーフであるように思われる。

この問題に関して塚本学氏は、堀田氏の考えに共感を示しつつも、秀吉の刀狩令によって農民が武器を没収されて以後も、一七世紀末の村々には、かなりの数の鉄砲が存在したことを、綱吉政権が元禄期に実施した「鉄砲改め」の記録から実証した（『名古屋大学日本史論集』下巻）。つまり、山野の開墾や鳥獣害から作物を守るという自然との戦いのため、領主側は百姓の鉄砲所持（または預け鉄砲）を容認せざるをえなかったのであるから、一般民衆にとって鉄砲は、全くかけ離れた存在とは言えないということである。もちろん、在村鉄砲が一揆などに用いられることがないよう、領主側の管理は厳重であり、百姓の自由使用は許されていなかったのであるが、「武器感覚」そのものも、時代の所産であることは言うまでもない。

鉄砲の威力は、当時における南蛮世界との出合いを象徴するものとして、人々の脳裡に強く刻まれたことであろう。しかし、この強力な武器が、実際の原産地は中国で、それがヨーロッパへひろがり、南蛮船で日本へ伝えられたということは、より象徴的なことのように思われる。

黒色火薬が中国で発明されたということは、中学校の教科書にも記されている。はじめは鉄や磁器で作られた罐に火薬を詰め、導火線で火をつけ、手や投石器で投げるものであったが、火薬を槍につけた飛火槍・突火槍などに代わり、一四世紀中期には銅製の火竜槍となったと言われる。ただ、『中国民衆叛乱史』（谷川道雄・森正夫編、平凡社）などからも、実際の戦闘のさいに小銃や火器が用いられていたという実例を検出することができないので、中国でも、当初はあまり普及していなかったかもしれない。

一三世紀後半における文永・弘安の役で、蒙古軍が石火矢の威力で鎌倉武士を大いに苦しめたことは知られている。この時期は、鉄砲が発明される以前のことであり、用いられた火薬兵器も、直接に人を殺傷する力は弱く、むしろ、馬を怯えさせることで隊列を混乱させ、攻撃力を減殺するという間接効果を狙ったものであろう。もちろん、その後に鎌倉幕府が火器をとり入れようと努力した形跡はみられず、そのような発想は全くなかったと言えよう。

室町幕府は明と朝貢関係を結んでおり、勘合貿易によって大量の銭貨や生糸などがわが国にもたらされた。輸入品のなかに、火器や小銃類があったとしても不思議ではないが、その事実は確認されていない。仮にあったとしても、これを受容する社会的基盤が熟していなければ、実際に活用することはできない。当時としては、操作も含めて、製造技術を定着させることは困難だったと思われる。

ポルトガル人を通じて伝えられた鉄砲が、一六世紀中葉に急速に全国にひろまり、築城法や戦術の変化をもたらしたことは知られているが、それが、意識の変化にまでおよんだかどうかはわからない。鉄砲を発射するに際して、かつての鎌倉武士が弓で的を射るときと同様に、神仏に祈りをこめて気持ちを静めたといわれる。鉄砲の射ち合いといっても、近代の戦争と全く様相を異にしていることは当然であるが、この鉄砲が、キリシタン宣教師の布教活動と密接に関係をもって普及していったことは、多くの問題を残しているように思われる。

キリスト教の渡来　天文十八年（一五四九）秋、鹿児島の錦江湾に着いた中国船で渡来した宣教師フランシスコ・ザビエルは、わずか二か年の滞在期間中にキリスト教を精力的にひろめ、日本伝道の基盤をつくった。彼は、一人の日本人を伴っており、ゴアでの布教活動を通じて、日本についての知識はいくらかはもっていたが、言語や習俗が全く異なり、仏教の影響力が強い土地に、異質の価値観をもった宗教を根づかせるため、非常な努力が払われたのである。

ザビエルは、まず領主の島津貴久に謁見し、家臣に対する布教の許しを得、領内の民衆にも洗礼を授けている。ただ、言葉が不自由なため、教理指導はほとんど行なわなかったようである。

しかし、領主は禅宗の信者であり、僧侶はキリスト教に改宗する者が増えることを嫌って圧力を加えるようになった。ザビエルは、京都で天皇や足利将軍に謁見して、国家的規模の布教権を得る希望をもっていたので、鹿児島を離れて上洛の途についた。

途中、平戸などで布教活動を行ない、大内義隆の領国である山口では禅僧と教理問答を行なっている。彼の希望の一つは、比叡山・高野山などの大学を訪れ、さらには当時の最高学府とされている下野の足利学校まで足をはこび、論争をいどむことであった。日本全体をキリスト教化しようという意志は、仏教など悪魔の教えから魂を守り、救済することを神が自分に課したという使命感に支えられていたのである。そのための武器として、教理書の翻訳を早くから考えていた。

布教のためのさらに有力な武器は、高価な舶来品である。大名などに謁見して布教許可をうけるに際し、鉄砲・火薬をはじめ、生糸・ガラス製品などを献上しており、それの魅力が大きくものを言ったことは容易に想像されよう。貿易の利益のため、宣教師に積極的に好意を示す大名も現われたが、京都での布教は、戦乱のためもあって思うにまかせず、当初の希望はかなえられないまま、再び九州へ戻っている。

イエズス会の性格　ザビエルも創立者の一人であるが、ルターの宗教改革に対抗し、全世界に福音を授けることを目的として作られたイエズス会は、イスパニア、ポルトガル国王の支援をうけ、その貿易・植民政策の一環として、海外に伝道を行なったのである。

ザビエルは、アリストテレスを学んでカトリック神学に深く通じており、インドで献身的な布教活動を行なったのちに、生命の危険をおかして渡来したのであり、わが国の習俗や文化を尊重しながら伝道を行なっている。ゴア管区の巡察師として渡来したヴァリニアーノも、この方針に従っており、日本を理解して布教にあたった宣教師は多数にのぼるであろう。しかしながら、イエズス会は、その設立事情から、きわめて集権的・軍事的性格をもっていたことも否定できないのである。

言語や習慣が全く異なった土地に来て、使命感にもえて布教活動につとめ、医療・教育・福祉などを献身的に行ない、人々から信頼と尊敬をあつめ、やがて幕府の弾圧政策のまえに殉教していった宣教師たちは、他方では日本を「ポルトガル（またはイスパニア）国王の征服に属する地」と呼び、日本を征服して貿易を独占的に行ない、キリスト教に改宗させることが、国王の権限に属するとともに、神の意志にかなうものであるという考えをもっていたのである。

天正十三年（一五八五）三月、イエズス会の日本準管区長ガスパル・コエリョは、フィリピンの上司へ、日本にスペイン艦隊を派遣することを要請している。これによって、九州の沿岸を制圧し、キリシタン大名に武器・弾薬や糧食を援助して異教徒の大名と戦わせ、日本全土の改宗に成功した暁には、そのすぐれた兵力を動員してシナを武力で征服したい、というものである。

この提案は、直接的な武力介入は教会にとって得策ではなく、またその時機でもないというヴァリニアーノらの意見によって抑えられ、実際には行なわれなかった。宣教師の一部には、信長の死後、日本における布教活動に不安をもつ者がいたとしても不思議ではない。その焦りが過激な武力侵略策を構想させたものであろう。ただ、日本に対する最もよき理解者といわれるヴァリニアーノでさえも、時機尚早という理由でこの企てに同意しなかったのであり、彼の宗教上の理念から反対したのではないことに注目する必要があろう。

アジアにおけるキリスト教　イエズス会は、日本だけでなく、中国・朝鮮などアジア諸国へも布教を行なっている。わが国の場合、天正十五年（一五八七）に秀吉が発した宣教師追放令をはじめとして、江戸幕府による徹底した禁教政策がとられ、一般の信徒も棄教か死かの選択を迫られた。キリシタン弾圧は言語に絶するものがあり、残虐な処刑によって絶滅がはかられ、民衆には寺請制度・踏絵・宗門改めといった方法で厳重に統制が加えられた。維新政府も禁教政策を踏襲し、列強の抗議によってやむなくキリスト教禁制の高札を撤廃するのは一八七三年（明治六）のことなのである。この間、わずかに「隠れキリシタン」として、仏教徒を装いながら信仰を守った人たちはいたが、本来の教義とかけ離れた土俗信仰に近いものに転化していた。今日におけるキリスト教は、カトリック・プロテスタントともに、明治以後における西欧化の波のなかでわが国に伝わったものである。

中国や朝鮮でも禁教政策がとられた時期はあった。中国では一六六五年にキリスト教の布教が禁止され、宣教師は邪教をひろめる者として宮廷から追放された。一九世紀のことであるが、『朝鮮天主教史』には、わが国と変わらないような信徒迫害のようすが描かれている。ただ、両国ともに、信仰が断絶することはなく、その伝統は続いていた。このことは、近代社会におけるキリスト教のあり方の問題と、はたして無関係なものであろうか。

一九一九年（大正八）三月一日、日本統治下にあった朝鮮のソウルで、民族独立を求める市民・学生の運動がおこり、全国の都市・農村にひろがった。少なくとも死者八〇〇〇人、負傷者一万六〇〇〇人という犠牲者を出して鎮圧されたが、この三・一独立運動の先頭に立ったのはキリスト教徒・天道教徒である。それから六〇年隔たった一九八〇年の光州事件は、同じ民族の軍事政権に対する民衆の抵抗運動であるが、この伝統は脈打っていると言えよう。金大中氏をはじめ、詩人の金芝河氏ら多くのキリスト者が、あらゆる迫害に屈せず、良心の灯を守り続けていることは周知のとおりである。

しかしながら、わが国の近代史に、このような伝統を認めることができるだろうか。キリスト者による戦時下の非戦運動の事例がないわけではない。ただ、全体からみれば、一八九一年（明治二十四）に内村鑑三氏が、教育勅語の礼拝を拒否して第一高等学校講師の職を追われた事件などを別にすれば、内面的自由に介入されたことへの抵抗よりも、むしろ、国家権力は神の代理人であるとする公権神授説によってそれを容認し、時局順応や体制協力を標榜することが多かったのではないだろうか。少しまえ、クリスチャンである大平首相が伊勢神宮に参拝することが問題となったが、これの是非についての議論よりも、このような行為を、さして奇異とは感じないような一般の思想状況のほうが、外国人には理解しがたいものであったと思われる。

この問題は、さまざまな要因があろうが、近世初頭におけるキリスト教受容のあり方の相違という点について考えてみたい。

イエズス会の布教方針が、土地の習俗を尊重するものであることには、どの国においても変わりはない。そして、まず権力の上層部に信仰をひろめ、その力を利用して一般民衆を改宗させようとしたことも同様である。ただ、中国では宣教師が天文学の知識を買われ、帝室天文台である欽天監《きんてんかん》の長官に就任するなど、権力機構の一部に食いこんでいることが認められるが、わが国にそのような事実は全くないこと、キリスト教を最初に受容した主たる階層が、わが国では大名やその家臣など武士階級であったのに対し、中国では郷紳《きようしん》、朝鮮では両班《ヤンパン》といった在地の知識階級であったと思われることは、彼我の相違点として指摘できるであろう。

ザビエルが朝廷や幕府へ布教する機会を逸したことは偶然の結果であろう。その後に、別の宣教師が働きかけることも可能であったかもしれない。それよりも彼らは、信長のような権力者とは充分に親交を結んでいたから、ことさら朝廷の布教許可は不必要と判断したのではないかとも思われる。仮に許可が与えられたとしても、宣教師が土御門家が支配する陰陽寮の役人となったり、江戸幕府の天文方に登用されるようなことは、まず考えられないことである。国家権力の強大さという点では、儒教イデオロギーで固められた中国の皇帝権力のほうが、わずかに元号制定権や官職叙任権をもつ程度で、それさえも事実上は武家に抑えられていた天皇権力よりも、はるかに上であった。だから、官僚機構の末端に外国人宣教師が入ったとしても、微動だにしないから中国では容認されたという解釈も成り立つであろう。しかし、一見して弱体にみえるわが国の国家機構の枠組が、強力にそれを拒絶する作用をしているという推定も可能なように思われる。

キリスト教の受容層の違いの問題も、実際には証明しがたいことがらである。信者は一般民衆にひろがっており、彼我に量的・質的な差異を求めることはできないであろう。中国・朝鮮の知識人が、儒教思想を拠りどころとして、キリスト教の侵入を頑強に拒否した面があったこともちろんである。ただ、わが国の武士階級は、すでに所領から遊離しており、真の意味での本貫地をもちえない存在であったことや、権力と一定の関係を保ちながら、在地に根をおろした指導的階層が、わが国にはほとんどみられないことなどは、事実として確認できるであろう。高山右近などは別として、多くのキリシタン大名や武将が、主従関係と信仰との板挟みに苦しみながら、結局は棄教していったことの理由には、もう少し深いものがあるのかもしれない。それは、殉教者か否かという図式からは解明しがたい問題であるように思われるのである。

南蛮という世界

安土城論争　一九七四年十二月十五日付の「朝日新聞」に、内藤昌氏が安土城の復元図を作成したことが報ぜられた。この城は、天正四年（一五七六）に信長が築城を開始し、同十年（一五八二）の本能寺の変の直後に焼失したもので、その後は再興されず、幻の城と呼ばれていた。

内藤氏は、東京の静嘉堂文庫で発見された「天守指図」と呼ばれる木割書（建築技術書）をもとに復元図を作成されたもので、『信長公記』など文献史料や発掘調査の結果とも一致すると言われる。それによれば、天守閣の底面は不等辺八角形で、外観五層、内部は七層で、石垣から最上階までの高さは三二・五メートル、地上から約二〇メートルのところに吹き抜けがあり、ここに宝塔が置かれていた。東西南北どの面からみても左右非対称で、近世初期の築城技術や知識とも異なり、ヨーロッパ寺院建築の様式がとり入れられているということである。この成果は、のち「国華」九八七・九八八号に詳細な図面とともに発表された。

安土桃山文化を代表する純日本的な城郭建築にも、ヨーロッパ文化の影響がみられるという見解は、大きな波紋をまきおこし、各方面から賛辞が寄せられた。だが、同じ新聞紙上で、キリシタン史の専門家である松田毅一氏は、吹き抜けが教会建築の影響を受けているという点に疑問を呈していた。その理由は、信長と関係が深かった宣教師ルイス・フロイスは、日本語を片言程度しか話せず、詳しい建築技術について説明できないはずであり、もしも彼の助言で教会様式が安土城にとりいれられたとするならば、得々としてイエズス会本部へ報告を書き送ったであろう、というものである。また、建築史家の宮上茂隆氏は、「天守指図」そのものが、署名者である池上右平（江戸時代中期の加賀藩作事奉行）が、安土城の遺跡に関するデータと『信長公記』などの文献史料にもとづいて創作したもので、史料的価値がないという真正面からの批判を発表された（「国華」九九八・九九九号）。これらの点について、今後の論争の進展によって、さらに問題が深められることが期待される。

フロイスは日本語が得意でなかったようで、旅行には必ず通訳を同伴しており、彼が著した『日本史』では、安土山に神学校が作られたことを自己の布教成果として詳細に書き綴っているが、安土築城に関する記事はほとんどみられない。しかし、建築史を専門としない私には、この論争に立ち入ることはできない。少し角度を変えて、その折に感じた疑問を一つだけ記してみたい。

それは、ここで言われている「ヨーロッパ的」とは、はたしてどのようなものであるか、ということである。つまり、「アジア的」に対比されるものとして、明治以後に急速に浸透してきた純西欧的な事象を連想しがちであるが、近世初頭に宣教師を介してわが国にもたらされたものは、それと同一視してよいものか、ということである。換言すれば、当時の日本人が認識したヨーロッパ世界とは何か、である。

唐・天竺・南蛮　一六世紀中葉における鉄砲とキリスト教の渡来は、戦国争乱の渦中にあったわが国に、政治・経済上はもちろん、思想的にも大きな影響を与えたことは言うまでもないが、このことと、黒船の来航に象徴される列強資本主義の圧力が、幕末期のわが国に与えた影響とは、同一次元で考えることはできないであろう。つまり、開国の契機となった「西欧の衝撃《ウェスタン・インパクト》」には、伝統的なアジア社会とは全く異質の価値観をもつヨーロッパ世界を認識する契機が含まれているが、「キリシタンの世紀」といわれる戦国末期から近世初頭において、このような認識が存在したかどうか、という問題である。

当時の日本人の世界認識は、唐《から》・天竺《てんじく》・南蛮の空間にひろがっていた。唐は中国、天竺はインド、南蛮は東南アジアを含めたイスパニア・ポルトガル両国の支配圏を指す。この両国は、一四九四年（明応三）のトルデシーリアス条約によって世界を二分割し（これをデマルカシオンという）、征服・植民・貿易といった世俗的事業と、カトリック教会による布教活動とを、それぞれの国王の名において独占的に行なうことを定めていた。

このような南蛮世界を、当時の人々はどのように認識していたのであろうか。たとえば、南蛮宗と呼ばれたキリスト教は、天竺渡来の仏教の一派とみなされていた。インドは仏教の発祥地であるから、本場仕込みのものと映じたのかもしれない。キリシタンが在来の神仏信仰と対立すると思われれば、迫害・排斥され、布教の契機をつかむことすらできない。宣教師は剃髪して僧衣をまとい、仏教語を用いて布教につとめた。たとえばデウスに「大日《だいにち》」という訳語をあてている。発音や語感は近似しているが、大日如来は密教の本尊で、その光明が世界をあまねく照らすということが原義の汎神論的なものであり、超越的な唯一神をもつキリスト教とは全くかけ離れたものである。万物に神が宿り、すべてを相対化する発想に慣れている日本人に、絶対神という観念を理解させることは困難であるが、既成の言葉を用いなければ教義の説明ができない。たとえ比喩にせよ仏教語を借りれば、本来の意味を著しく損なうことになるというジレンマに陥っていた。やがて宣教師側も、仏教語を用いることをやめ、教義の説明には原語をそのまま使うことに改めている。

天正四年（一五七六）京都下京に創建された南蛮寺は、キリシタンの布教活動の拠点となるべき教会堂である。はじめ古寺を購入したが老朽化が激しく、一般寺院とくらべて見劣りがするので、信徒の間では、新しい聖堂を建設する気運が高まっていた。信長の布教許可が出たので、日本布教区長カブラルも承認を与え、経常費から六〇〇タレル（銀六貫目ほど）が支出され、キリシタン大名や信徒の奉仕によって建設がすすめられた。

敷地は狭かったが、仏教徒の妨害で隣接地の取得ができず、そのため三階建とし、階下を教会堂、階上を司祭や修道士の住居とした。町民からは、建物が一般寺院より高すぎ、上階に住居を設けるなど習慣にそぐわず、上から見下ろされれば隣家の婦女は庭へも出られなくなるといった苦情が出されたが、京都の奉行である村井貞勝は窓の外に露台を作って庭が見えにくくするような若干の手直しを命じただけで、建設には好意的な態度をとった。ここで盛大なミサが催され、信徒はもちろん、見物する人たちで賑わったといわれる。

南蛮寺は、異国情緒あふれた西欧風の教会堂を思わせるが、実際は和風の仏寺建築で、わが国の伝統的技術が生かされている。高山右近の領国から大工などが動員され、紀州や近江の山中から良材が求められた。実物はもちろん現存しないから、扇面などに描かれた絵から判断するほかはないが、この時期の城郭建築を思わせる堂々とした構成で、周囲は高い塀で囲まれている。櫓《やぐら》などをつければ、すぐにでも城に転用できるほど防禦機能を備えたもののように思われる。

この時期の風俗画の一つである南蛮屏風は、ポルトガル船が着岸したときの様子を好んで描いている。片側には船を配した入港図で、赤・緑など鮮やかな色のマントを着た白人や中国人の姿がみえる。甲板やマストにいる黒人の衣服は渋い色である。他の側は上陸図で、にぎにぎしい行列の光景や、珍しい外国の鳥獣がみえる。それを出迎える修道服をつけた宣教師のほか、武士や町人の姿や、松など日本の自然を象徴するものも描かれている。

当時の九州地方は、貿易商人の往来が激しく、黒船が入港する長崎などの都市には、多くの中国人・朝鮮人が住みついていた。南蛮屏風は、その雰囲気をも描き出しているが、建物の彩色や人物の表情・衣服などは、アジアの風俗を強く感じさせる。これらの多くは、狩野派に属する無名の画家たちの手になるもので、日本の顔料や紙が用いられている。個々の部分の描写は精緻であっても、構図はパターン化しており、そのかぎりでは洛中洛外図などと共通する面をもっている。対象それ自体が純ヨーロッパ世界ではないのだから、リアルな眼でとらえれば、西欧人もアジア風に描かれたとも言いうるであろう。これが、当時の日本人が解釈した南蛮世界の姿だったのである。

生糸と銀　南蛮宗・南蛮寺・南蛮屛風は、いずれも当時の日本人がとらえた「異国」であるが、実態はアジア的色彩の強いものなのである。とするならば、近世初頭における南蛮世界とは、決して純ヨーロッパ的なものではなく、アジア世界と区別することが不可能な、渾然一体とした独自の空間であったと言えるであろう。それならば、わが国に鉄砲を伝え、キリシタン宣教師の布教活動を経済的に支えた南蛮貿易の実体は、どのようなものであろうか。

室町時代のわが国は、明《みん》と朝貢形式の勘合貿易を行なっていた。明は臣従した国の国王にのみ、服属のしるしとして朝貢を許したから、足利将軍も「日本国王源某」と名乗って冊封を受けた。九州大名などが貿易を希望しても、単独では認められないから、幕府の支配の下に入らざるをえなかったのである。この勘合貿易は天文十八年（一五四九）ごろに杜絶した。偶然ながらキリスト教が渡来した時期である。倭寇のような海賊的貿易が盛んになるのは自然の趨勢であるが、私貿易を認めない明は厳重な海禁政策をとり、はては遷海令を出し、沿岸住民の家屋を破壊してまでも、民衆が海上へ進出することを取締まった。

このような条件のなかで、白糸と呼ばれた中国産の生糸は、絹織物などとともに東南アジアに根拠をもつポルトガル船によって中継され、わが国にもたらされたのである。もちろん中国船も多数来航した。はじめ島津領の薩摩に入港する船が多かったが、島津氏はキリシタンの布教に好意を示さなかったので、平戸・横瀬・福田港に入るようになっている。元亀元年（一五七〇）には長崎が開港された。

日本貿易を行なったポルトガル船は、主として銀を積み出した。石見の大森、但馬の生野、羽後の院内など主要銀山の生産額は増加し、製錬技術の革新がみられた時期であり、日本が「銀の島」と呼ばれたという記録すらある。

中国産の生糸とわが国の銀との交換を基本とする南蛮貿易は、マカオを中継地とするポルトガル船によって行なわれたのであるが、事実上は勘合貿易の肩替わりであり、中国貿易の変形でもある。決してヨーロッパ諸国と交易関係を結んでいたのではない。

いずれにせよ、南蛮という世界は、アジアと対比すべきヨーロッパ世界というよりは、両者が融合して作られた独自の空間で、本朝・唐・天竺という当時の世界認識が、地理的に少しひろがる程度のものだったのである。対象がすでにアジア化されている以上、この時期の問題をアジア対ヨーロッパという対比の構図でとらえることは不可能であろう。南蛮世界とは、天竺より少し先のところにある未知の国にすぎず、広義にはアジア世界に包括されていたのである。その限りでは、南蛮宗であるキリスト教も、わが国の伝統的な神儒仏と思想的に共存しうる要素をもっており、封建倫理の敵対物ではなかったのである。

日本における村と町

ザビエルの日本人観　ザビエルを乗せてきた中国船は、三か月のちに鹿児島を離れゴアに向かったが、このとき四通の手紙が託されている。これは、はじめて宣教師の目でとらえた日本の状態という意味で興味ぶかい。

内容は、航海中の苦労や鹿児島で歓待されたこと、日本布教についての諸注意、布教の成果、今後の予定など多岐にわたり、かなり長文のものであるが、彼が最も印象深く感じたのは次の二点であった。

第一は、武士と一般民衆との格差である。ザビエルは日本人を高く評価し、これまで出合った異教徒のうちで最もすぐれた国民で、総体的に良い素質をもち、悪意がなく、名誉心に富み、貧乏を恥辱としない、すこぶる感じがよいといった、手放しとも思える賛辞を呈しているが、キリスト教国ではみられない特性として、次のように述べている。

武士がいかに貧困であろうと、平民の者がいかに富裕であろうとも、その貧乏な武士が、富裕な平民から、富豪と同じように尊敬されていることである。……平民が武士に対して最高の敬意を捧げるのと同様に、武士はまた領主に奉仕することを非常に自慢にし、領主に平身低頭している。日本人の国民性として、さらに、盗みや賭博をせず、生活に節度をもち、読み書きの能力にすぐれ、理性的であるといった評価が与えられている。マイナス点と思えるものは、やや酒を飲みすぎるということだけである。

第二は、僧侶の道徳的堕落である。これは幾度も繰り返して述べられており、あたかも罵倒するかのようである。僧侶や尼僧は結婚せず、戒律を守り、飲酒肉食をつつしみ、表面上は質素な生活をしていながら、実際は全く異なり、あらゆる種類の罪を犯しているということである。一般民衆は、僧侶の悪徳ぶりを充分に知っていながら、やむをえないものと黙認し、それればかりか、彼らを敬っていることと、僧侶の人数が非常に多いことにも驚いている。

布教活動を行なうにあたって、宣教師は僧侶と敵対関係にあるから、その点を考えてザビエルの書簡を読まなければならないが、清貧・純潔・献身をモットーとするイエズス会宣教師からみれば、目にあまる状態であったことは想像できよう。元亀二年（一五七一）に信長が比叡山を焼き打ちするさい、大義名分として掲げた僧侶の腐敗ぶりと、ほぼ共通する内容である。

宣教師の報告書は、一般に布教成果を本国に知らせる目的で作られ、その観点から事実の取捨選択が行なわれており、さらに上長が意図的に書き改めるから、誇大な表現や歪曲がおこりがちであり、厳密な史料批判が必要なことは常識となっている。しかし、この書簡は、ほとんど先入観をもたないで渡日してきた一宣教師が、わずか二、三か月の鹿児島滞在の間に実際に見聞したことを書き綴った印象記として受け取ってよいであろう。

武士と農民　僧侶の堕落の問題はともかくとして、その第一印象に、武士と平民との身分差が指摘されていることは興味をひかれる。

このころの平民のほとんどは農民であるが、ザビエルの記述から、すでに兵農分離が行なわれ、江戸時代の士農工商を思わせる厳重な身分制度が存在しているようすがうかがわれる。しかし、この点は薩摩という地域の特殊性に由来するもので、それを含めて考察しなければならないであろう。

中世においても、侍と凡下《ぼんげ》の間には厳重な身分差があった。凡下は狩衣《かりぎぬ》・直垂《ひたたれ》などに綾絹を用いてはならないといった服装上の制限のほか、犯罪の疑いをかけられたさい、凡下は拷問されるが侍は拷問されないというような差別が知られている。中世の侍・凡下が、近世の武士・平民にただちに移行するものでないことは、最近の戦国大名検地についての研究が明らかにしている。つまり、大名は検地施行に際して、軍役を負担し主従関係のある者と、軍役を負担せず主従関係のない者とに分け、それぞれに異なった原則を適用することによって截然と区別し、前者を武士身分、後者を百姓身分に固定しようと試みたのである。

薩摩の場合、地理的・自然的条件が他の地域と違うため、独特の在地支配方式がとられていた。それは、近世では外城《とじょう》制度と呼ばれ、藩の行政区画となっているものだが、戦国期には各地に城砦があり、島津氏に服属した在地領主である国衆やその家臣が支配していた。生産条件が厳しく、農民が自立することが非常に困難なことは、地理的に中央から遠く離れていることとあいまって、より古い体制を残していたのである。武士と農民との格差は非常に著しいものであった。

この時期に畿内近国では、農業生産力の向上を背景に、小経営として自立する動きをみせ、上層の名主百姓は連合して惣を結成し、山野・用水などを管理するため、種々の制裁規定を含んだ掟をとりきめ、小百姓を支配していた。このような事情を知ることができないザビエルが、鹿児島だけのことで日本全体を想定したとしても、やむをえないことであった。それにもかかわらずザビエルは、武士も平民も、ひとしく刀を差していることを指摘している。

中世の百姓は、法的には武装を禁じられていなかった。先進地域にみられる惣は、戦国大名権力の介入を許さないほどの実力を備えており、惣掟に違反した小百姓に対しては、死刑をも含んだ厳罰をもって臨んでいる。そして、荘園領主・地頭・代官に対しては、年貢減免や領主の非法を訴え、年貢を地下請《じげうけ》にするなど自主管理の体制を認めさせた。惣の構成員には侍衆も含まれており、その内部からは、つねに領主階級を生み出すような条件があった。

織豊政権は、惣がもつ種々の権利を奪い去り、年貢納入の基準となるような近世的な村に組み変えようとした。もちろん、採草のための林野、灌漑のための水利などは、個々の農民が分割して所有することは不可能であるから、一つの生産組織としての共同体的機能をもつ村に委ねられた。行政単位としての村と、自然条件によって結びついている聚落とは、一致しないことも多かった。このような近世村落においては、かつて惣を構成していた惣衆は、大名などの家臣となって権力の末端に連なり、村自身が武装することはなくなるのである。

近世では、百姓や町人が武装することは許されなかった。これを象徴するものは、天正十六年（一五八八）に秀吉が出した刀狩令である。刀・脇差・弓・鑓《やり》・鉄砲などあらゆる武具が没収され、百姓は農耕に専心すべきものとなっていく。この刀狩令は、京都東山に建立する大仏殿の釘・かすがいに利用するから、武具を供出すれば、百姓は来世までも仏の加護をうけることができると宣伝したが、実際は百姓一揆を防ぐための口実にすぎないことは、当時の人によって見抜かれていたのである。

黄金の日日　京都やその周辺など、都に近い地方はどのような状態であっただろうか。永禄二年（一五五九）に堺を訪れた宣教師ガスパル・ビレラは、その二年後に、「堺の町は甚だ広大にして、大なる商人多数あり。此町はベニス市の如く執政官に依りて治めらる」と記している。永禄五年に書かれた手紙には、次のように述べられている。

日本全国当堺の町より安全なる所なく、他の諸国に於て動乱あるも、此町には嘗《かつ》て無く、敗者も勝者も、此町に来住すれば皆平和に生活し、諸人相和し、他人に害を加うる者なし。市街に於ては、嘗て紛擾起ることなく、敵味方の差別なく皆大なる愛情と礼儀を以て応対せり。市街には悉く門〇木戸ありて番人を附し、紛擾あれば直に之を閉ずることも一の理由なるべし。紛擾を起す時は犯人其他悉く捕えて処罰す。然れども、互に敵視する者、町壁外に出ずれば、假令《たとえ》一投石の距離を超えざるも、遭遇する時は互に殺傷せんとす。町は甚だ堅固にして、西方は海を以て、又他の側は深き堀を以て囲まれ、常に水充満せり。此町は北緯三十五度半の地にあり。

中世末期の堺は、貿易港として栄えていた。明との勘合貿易を堺商人が請負ったこともあり、朝鮮・琉球や東南アジア方面とも盛んに交易を行なった。それによって蓄積された富で多数の傭兵を集め、町の行政は納屋《なや》衆と呼ばれる豪商によって運営されていたので、あたかも独立国であるかのような様相を呈したと言われている。

呂宋《ルソン》助左衛門という堺の貿易商人を描いた城山三郎氏の小説『黄金の日日』は、NHK大河ドラマとして広く親しまれ、自由都市・堺のイメージを茶の間にまで浸透させた。

フィクションの世界だけではなく、歴史家のなかにも、このような中世末期の堺をもって、ヨーロッパの自由都市に比定する人は少なくない。また、堺の町の実権が特権商人によって握られているので、完全な意味で自由都市と呼ぶことを躊躇する人もいる。後者の場合でも、内部構成が平等であるか否かを問題にしているだけなので、論理的にみれば前者との差はほとんどない。したがって、堺＝自由都市という考えは、ほぼ定説化しているといえよう。この考えを最も純粋な形で述べているのは、羽仁五郎氏である。

都市の論理　一九六八年末に出版された羽仁五郎氏の『都市の論理』(勁草書房)は、公害など種々の生活破壊に苦しんでいる住民が、いかにして自治体としての都市を回復しうるかという問題を、その歴史的条件のなかから説きあかしたもので、多くの読者の支持をあつめた。

氏は、該博なヨーロッパ史の知識をもとに、戦前から都市史の研究にあたられた人である。ここで言う都市とは、人口が何万人以上集住しているところという意味ではなく、領主法に代わるべき都市法を備え、自由な交通と市場の平和が保たれ、封建領主からの束縛を脱して人身の自由を獲得した市民によって構成された空間を指している。そして、中世末期の堺は、共和制をとった都市自治体の輝かしい伝統の唯一の例とみなし、高い評価が与えられている。たとえば、市民の選挙した共和制的組織ともいうべき〝三十六人衆〟の代表市民が指揮する堺市の軍隊によって信長の軍隊を撃退したことをもって、民衆の武装という近代兵制の萌芽という意味づけが行なわれている。このような主張は、氏の戦前の論著にすでに見出される。

羽仁氏が中世末期における堺の繁栄を、自由都市として手放しに評価したことは、その鋭い歴史感覚の所産として首肯しうるものをもっている。氏の文章は、しばしば史実と史料との間隙を超えて、直接に訴えかける迫力を有しており、コミュニティの問題を多角的に論じた本書は、とくに強い響きが感じられよう。しかしながら、このような論理の展開について、私は次のような疑問をもたざるをえないのである。

自由都市が封建領主の束縛をうけず、自由な交通と市場の平和が確保された形で成立するためには、封建領主制の基盤としての農村から分離した都市の存在が必要である。増田四郎氏らの研究を通じて知りうることは、ヨーロッパでは、現に住んでいる都市に全人格を捧げる共同体が、キリスト教を基盤にして形成されており、出身地がどこであろうとも、その町が生活のすべてであり、もしも外敵に襲われたような場合、生命を賭して守り抜こうという意識があるが、日本の場合、祖先崇拝の伝統をもち、都市住民と言えども墳墓の地との気持ちの繋がりをもっているから、都市と農村の分離が果して行なわれているのか、ということである。アジアの都市の多くは、皇帝や領主など権力者の居住するところに造られ、都市民である商人や手工業者も、それに結びついて利益を得ることが多く、強い地縁的共同体が結成されても、権力者に対抗して自治を獲得していった例は、きわめて乏しかったからである。

最近の都会では、生活様式の変化から、盆に迎え火をたいて先祖の霊を迎えるという風習は、ほとんどみられなくなったが、盆踊りの行事は団地や新興住宅地でも盛んである。これは、上からのコミュニケーション作りに利用される面もないわけではないが、われわれのうちに無意識に残っている何かが基盤となっているようにも思われる。この問題を、かなり早い時期に的確に指摘したのは、民俗学者の柳田国男氏である。

『定本柳田国男集』第十巻（筑摩書房）に収められた『先祖の話』は、敗戦直前に起筆し、戦後の状況を想定しながら「平和になってからの利用を心掛けて」書きあげられたものである。先祖とは、

「自分たちの家で祭るのでなければ、何処《どこ》も他では祭る者の無い人の霊」であるが、戦争の犠牲となった多くの霊は、弔ってくれる人もないまま異郷をさまよっており、国内でも、無数の人々が無縁仏として埋められた。柳田氏の気持ちは、これらの霊の行方を見届けなければ、「民族の自然と最もよく調和した、新たな社会組織」を考え出すことはできなかったのである。

先祖はまた、祖霊として「死んでから、一定の年が過ぎると、その中へとけこんでしまう」存在でもある。そこでは、誰某の霊というような固有名詞は失われ、「御先祖様」として一体化される。やがてはそのなかに自分も入っていくであろうという気持ちが盆の行事を支えており、信仰心の有無によらず、「墳墓の地」とのつながりを意識させるのである。おそらく、戦争犠牲者もまた、「個性をとどめない死者の霊」としてこの国に迎えられ、この国の「祖霊」となるであろうと、柳田氏は言いたかったのであろう。

墳墓の地　ザビエルは、わが国での布教活動を行なうにあたって、最も当惑したのは、先祖の霊の行方を尋ねられたときだと述べている。キリスト教では、信仰に入った者は神に導かれて天国に行けるが、そうでない者は地獄へ堕ちる。だとするならば、自分はともかく、洗礼を受ける機会がないまま死んだ自分の先祖はどうなるのか、彼らの魂を地獄から救い出すにはどうしたらよいのか、という質問である。仏教を捨ててキリスト教に入った日本人が、真剣に悩み、かつ苦しんだ問題は、祖先崇拝のことであったと思われる。ザビエルは、いかなる方法をとっても地獄へ堕ちた人を救うことができない、と答える。魂の救済を個人の次元の問題として考えるキリスト教では、それ以外の解答を出せるはずがないことは当然だが、当時の人からみれば、自分の信仰が深ければ、その力が先祖におよぶかもしれないし、自分は仮に地獄へ堕ちても、先祖を天国に導きたいと考える人もいたであろう。勤勉に働き、誠実に生き、そしてキリスト教渡来以前に死んだ自分の先祖は、あまりにもかわいそうではないか。万能で慈悲深いデウスは、何か良い方法をお持ちのはずではないのか、と思ったとしてもやむをえないだろう。「私がこんなに愛している友人たちが、手の施しようのないことについて泣いているのを見て、私も悲しくなってくる」とザビエルは結んでいる。

死者を悲しむ気持ちは、洋の東西を問わず変わりはない。しかし、死後の世界との間に厳しい断絶を認めるキリスト教と、祖先崇拝によってそれと結びついている仏教とでは大きな差がある。それは、デウスと大日如来との違いでもある。渡来直後のキリシタンは、デウスを大日と訳して布教したが、まもなくそれを改めた。当時の人々が、それによって唯一絶対神というキリスト教の観念を、どのように理解したかは、興味のもたれる問題であろう。

このことは、現代における都市と農村との関係にも連なっている。個人を主体に、今この町に生きていることをもって行為の基準を考えるヨーロッパ人と、つねに墳墓の地との関係を意識するアジア人との差は、現在でも消えてはいない。華僑《かきょう》・印僑《いんきょう》など出身地域別に作られたグループの結束は固いし、われわれの周辺にも、県人会・同郷会といった組織は多くみられる。外国で大きな遭難事故があった場合、肉親の遺体を必死でさがす日本人の姿は、異様に映ることがあるとも言われている。死者とのつながりや墳墓の地との関係は、都市と農村との分離の有無の問題に導かれる。換言すれば、都市共同体の歴史的相違の問題である。「帰りなんいざ、田園将《まさ》に蕪《あ》れんとす」という「帰去来辞」の一節は、日本人の心情をとらえていた。乱開発がすすみ、過疎化の波がおしよせ、現実には帰るべき墳墓の地をもたない多くの都会人にとっても、「ふるさとは、遠きにありて思ふもの」なのである。ヨーロッパと同じような形での、都市と農村の分離は、行なわれていないとみるべきであろう。

これまでの堺＝自由都市論は、世界史における普遍的原理を求めるあまり、アジアとヨーロッパにおける都市と農村の歴史的相違の問題を軽視し、論理的には捨象することによって、現象形態の類似性から本質を同一とみなす誤りに陥っていた。それは、ヨーロッパの歴史事象から抽象化された概念に、中世末期の史実をあてはめたことに由来するものである。さらに、自由都市という場合、「自由」とは何かという、自明にみえることがらも、じつは問われていなかったのである。

前近代社会における自由　西洋中世史研究の通説に即して述べれば、本来の自由都市とは、ヨーロッパ中世において、地方の封建領主権力の支配を受けず、国王・皇帝など中央権力に直属した都市を指すもので、帝国都市とも呼ばれた存在である。すなわち、国王などに直接支配されることによって封建領主の支配から免れ、軍役・貢納の義務を果たすことによって一定の自由を獲得し、やがて、市民勢力の成長によって、国王らに対する種々の義務は名目化し、独立の行為主体としての性格を強めていく。そのような都市間の商品流通が、封建領主の支配をうけることなく展開していくことが、自由都市の存立を支える基盤となっている。実例として、地中海沿岸の都市のほか、ハンザ同盟を結んだ北ドイツのハンブルクや、ライン地方のケルン、バーゼルなどが挙げられる。

「都市の空気は自由にする」という言葉がある。これは、封建的因習にとらわれた農村に対して、何の束縛もない明るい都市の雰囲気を指しているかのように思われがちであるが、本来の意味は、中世農民が都市へ移住し、たとえば一年と一日といった所定の期間滞在すれば、これまでの定住地から解放され、封建領主との隷属関係がなくなるということである。その限りでは「自由」になるのだが、あらたに都市を支配する王権に従属することを意味するから、依然として「不自由」であることには変わりはない。

ここでいう自由とは、前近代社会にあっては、身分上のことがらであり、公権力との関係でとらえなければならないのである。たとえば「国王自由人」という場合、身分上の束縛のない近代的意味での自由をもった存在ではなく、王領地に住み、なんらかの理由でそのような名称を与えられたもので、実体としては国王によって修道院に寄進されてしまうような「不自由人」を指している。強固な身分制のとられた中世に、身分はおろか、階級関係までも自由であるような人間がいると考えることはナンセンスであろう。

中世の堺が自由都市であるかどうかを検討するためには、公権力と都市共同体の関係として問題を考えなければならない。これまでのように、都市住民の構成が平等か、それとも門閥支配的であるかといった次元からは判断できないのである。具体的には、複雑な構成をもつ堺の町が、天皇・室町幕府・戦国大名や、その末端に連なりながら、利害関係の対立から独自の動きをみせた三好・松永らの在地領主権力とどのような関係をもっていたかを検討する必要があろう。そのなかで、勘合貿易を中心とする内外の商品流通や、鉄砲鍛冶をはじめとする手工業生産や、畿内農村の生産力水準など、当時の堺の繁栄を支えた歴史的諸条件が分析されるべきである。中世国家のなかに占める位置の問題を抜きにして「堺の繁栄」を説いても、意味をもたないであろう。

いわゆる堺＝自由都市論は、たんなるアナロジーで性急に論じられているほかに、無意識のうちにとりいれた近代主義的発想によって、身分制との関連でとらえるべきはずの前近代社会における自由の概念を混乱させた。それによって、中世国家のうちに占める堺の位置づけを不明確にしている。

それならば、中世末期における堺の繁栄はどのように評価すべきか。堺の住民が直接に対峙している階級関係はなにか。三好・松永らの在地領主権力と密接な関係をもちながら、彼らの分裂・抗争を利用し、ともかくも平和を保ち、ヨーロッパ人の宣教師に「東洋のベニス」を思わせるような経済的繁栄を誇りえたのは何故かを明らかにしなければならない。これまでの自由都市論の欠陥を指摘するだけでは、日本の中世には自由都市はなかった、という結論になりかねない。

網野善彦氏の近著『無縁・公界・楽』（平凡社）は、この問題に適切な解答を与えている。堺をはじめ、大湊・山田・桑名などの中世都市は、血縁・地縁・主従関係など世俗のいっさいの関係を断ち切り、大名権力の介入も拒否する力が働く場で、公界と呼ばれていた。したがって、外部でいかに激しい戦闘が行なわれていようとも、住民は俗縁と関係をもたないから、敵対関係が内部にもちこまれることはない。会合衆などの自治によって運営されるから、都市の平和が保たれている。これが「楽」の世界であり、楽市の論理と共通するものである。この問題は、無主・無縁の世界と私的所有の関係にさかのぼり、天皇支配権の問題にかかわっていることを、網野氏は鋭く指摘している。自由とは、近代的語感からうける印象とは反対に、身分的支配の問題と深く結びついており、同時にそれは特権の賦与とも裏腹の関係にあると言えよう。

2 信長・秀吉と天皇

弾正忠と将軍義昭

織田政権の時期区分　織田政権の展開過程を、既存の国家機構のうちに占める位置を中心に考察する場合、室町幕府との関係がポイントとなる。その点を考えて時期区分すれば、次のとおりであろう。

第一段階は、濃尾平野を中心に領国支配を行なっていた永禄十一年（一五六八）九月まで。

信長は清須（清洲）に居城した織田大和守系の一族に属しているが、永禄二年（一五五九）に同族の伊勢守系を岩倉城に破り主導権を握った。今川氏の勢力を尾張から駆逐するにはいたっていないが、この時点で第一段階を、さらに前後に分けることができよう。

信長は天文三年（一五三四）尾張の那古野《なごや》城（名古屋市）で生まれたと言われるが、文書に初めて名を現わすのは、天文十八年（一五四九）に熱田八か村に下した五か条の制札である。

信長は、尾張の在地武士層を家臣化し、寺社や名主百姓を支配して権力基盤の拡大と深化につとめた。永禄十年（一五六七）には美濃の斎藤竜興を稲葉山に破り、ここを岐阜と改め、みずから入城している。

この時期の信長は、戦国大名としての本質を有しているが、松平（徳川）氏の三河領有時代の研究とあいまって、統一政権論の立場からも分析を行なわなければならない。秀吉も信長の奉行人的立場から出発し、その下で徐々に領国支配を行なっていたのであるから、豊臣政権の形成過程を明らかにするうえでも重要である。

第二段階は、永禄十一年（一五六八）九月に足利義昭を擁して上洛後、義昭を追放する元亀四年（＝天正元年、一五七三）まで。

信長は将軍権力を否定せず、それを前提として勢力の伸長につとめた。永禄十三年（＝元亀元年、一五七〇）に信長は、五か条の事書を義昭に呈して承認させた。両者の力関係は、これによって大きく変わるので、この時点で第二段階を、さらに前後に分けることができよう。

義昭は信長をバックに将軍職に就いたので、その力は弱く、傀儡政権にすぎないものであるという見解もあるが、最近の研究では、義昭が追放されたのちにも幕府の奉行人奉書が発給されていることなどから、充分に実体を備えたものであることが論証されている。とくに畿内の土豪・国人層への支配力は強固であり、そこへ信長権力が浸透していくことは、非常な困難を伴っていたのである。

信長と義昭の関係は拮抗していたので、それを具体的に分析するためには、双方が発給した文書を系統的に検討する必要があろう。たとえば山城の寺社には、ほぼ同じ内容の禁制が、信長と幕府奉行人の双方から、ともに将軍義昭の意を奉ずる形で出されている。この間に信長は、宣教師ルイス・フロイスを引見し、布教許可状を与えるが、その直後に義昭も、ほぼ同文の許可状を出している。

第三段階は、義昭を追放した後、天正十年（一五八二）六月の本能寺の変によって、みずからも斃《たお》れるまで。

信長は、室町幕府に代わるべき新たな国家体制の樹立を、一向一揆との対決を通して構想し、全国制覇へと邁進したのであるが挫折した。天正八年（一五八〇）閏三月、本願寺光佐（顕如）との間に和議が成立し、一向宗門徒の組織的抵抗に終止符が打たれるので、この時点で第三段階を、さらに前後に分けることができよう。

京都を追われた義昭は毛利領へ落ちのびたが、将軍職は剝奪されることなく、在国の征夷大将軍であった。征夷大将軍の称号は、武家の棟梁として源姓の者に与えられるものであるから、平姓の信長（および秀吉）とは無関係とはいえ、信長は、朝廷に働きかけて義昭を解職する措置をとらなかった。おそらく、将軍に代わるような独自の立場から権力を築くことを構想していたからであろう。天正四年（一五七六）から近江の安土に築城をはじめるが、天守閣が完成する天正七年（一五七九）までは、信長は岐阜城にいたので、その間の支配体制に、ほとんど変化はみられない。

信長の政権構想の内容については、『信長公記』などの記録類を用いて研究がすすめられている。ただ、後年に執筆・編纂されたものの内容を、傍証史料によって確認する手続きをとらずに利用することは危険である。そのような方法を避け、なるべく史料的価値の明らかな素材によって記述をすすめていきたい。

官職と位階　義昭が将軍職に就いたとき、朝廷は信長に対して副将軍となることを要請したが、信長は返答を避けている。将軍義昭を直接的に補佐する職に就くよりも、相対的に自立した権力を樹立することを望んだのかもしれない。信長はもちろん、将軍そのものを否定するつもりはなく、義昭も信長の指図どおりに動いたわけではない。だが、形式的にみれば、信長は副将軍としての地位にあったと思われる。

信長は、山城・近江など幕府の直接支配がおよぶ地域には、弾正忠という官職名で朱印状を出している。これは、律令制下の八省から独立して設けられ、犯罪の取締りや風俗の粛正にあたった弾正台の役人（四等官のうち第三順位）を意味する名称で、京都における治安維持を本務とする信長にとって、ふさわしいものと言えるかもしれない。寺社に宛てて、軍勢の乱妨狼藉・陣取放火・竹木伐採や私的に矢銭や兵粮米を徴収することを停止する内容の禁制が多く出されている。

これまでの信長は、自己の領国へ出したものは、下知状様式の文書で、直接に命令を伝達する形をとっているが、弾正忠を名乗ってからは、「仍執達如レ件《よつてしつたつくだんのごとし》」「御下知の旨に任せ」といった、義昭の意志を伝達する奉書形式のものとなっている。これは、室町幕府の管領が発給する奉書形式の御《み》教《ぎよう》書《しょ》と近似しており、その意味から、信長は実質的には将軍を補佐する地位にあったと言えよう。

義昭と信長の関係は、征夷大将軍と弾正忠という官職にもとづいた支配・被支配の関係によっており、この官職は天皇に任命される形をとっている。律令制下の官職が、当時においては形骸化していたことは言うまでもないが、このようなものを用いることによって、義昭と信長の関係に、主従制に近い間柄をつくり上げていくのである。

皇室関係の文書は、やや複雑なものになっている。入京直後の永禄十一年十月、信長は寺社の雑掌（荘園の管理人）に、皇室領の諸役についての指示を与えているが、「織田弾正忠信長」と、実名と官途名を併記している。同日付で、幕府奉行人の連署奉書が「上下京中」宛に出され、やや遅れて、幕府の重臣である和田惟政の折紙が「上下京問屋中」に送られている。この三通の文書は、ほぼ同一内容であるが、宛所が少しずつ違っている。それぞれの文書がもつ機能が補完し合うことによって、一つの命令が完全な形で伝達されたのである。

元亀年間に入れば、信長が畿内で発給する文書にも直状形式が増えているが、これは、信長と義昭の力関係の変化につれておこった現象とみるべきであろう。しかしながら、自己の領国内へはともかく、少なくとも幕府の権力がおよぶ範囲に対して、信長は将軍権力を前提として行動しており、信長が独断で物事に対処するような現象は、ほとんどみられなかったと言ってよいのである。

五か条の事書　信長と義昭の拮抗関係は当初よりみられた。永禄十二年（一五六九）正月に制定された殿中掟では、全体として将軍の恣意的行動を制約し、とくに裁判に関与しにくいようになっている。

永禄十三年（＝元亀元年、一五七〇）正月に制定された五か条の事書は、信長の朱印状として明智光秀らに宛てたものであるが、袖（文書の右上部）に義昭の黒印が捺されており、いかにも不本意ながら承認したという感じを与えている。

第一条では、義昭が勝手に諸大名へ書状を送ることがないよう、必ず信長の副状をつけることとしている。

第二条では、義昭がこれまで下した命令はいったん破棄し、再検討すべきことを定めている。

第三条では、義昭が家臣に恩賞を与えるさい、適当な土地がなければ、信長の分国を提供する用意があると述べている。

第四条では、信長は天下を統治する権限を委任されたのであるから、将軍の意志にかかわらず成敗を行なうと宣言している。

第五条では、世の中が静まったのだから、幕府は朝廷の万事にわたり細心の注意を払うべきであるとして、必要な財政援助を行なうことを求めている。

これによって信長は、将軍義昭がもっていた権限を掌中に収めることに成功した。義昭は、諸大名に命令を発したり、家臣に褒美を与えたり処罰したりする権限は保持しているものの、独自に行なうことは不可能となり、いわば信長に手足を縛られる形となった。

さらに元亀三年（一五七二）九月、異見十七か条を義昭につきつけ、厳しく違約を咎めている。

まず、皇室に対して何の財政援助もしていないことを指摘し、義昭が勝手に諸大名へ手紙を送って馬などを所望したり、家臣の扱いに公平さを欠き、貪欲な性格であることなどをこまごまと書き記し、身分の卑しい土民百姓までも陰では将軍の悪口を言っていると結んでいる。そして、義昭が御所から品物を運び出し、兵粮米を金銀に換えたり、諸国からの献上品を匿《かく》したりして、信長との対決に備えていることまで暴露している。

この異見状は、信長が義昭に送った最後通告とも言うべきもので、対外的な宣伝効果も充分に計算されている。信長は自己の領国をさらに固めながら、上杉謙信や本願寺へも書状を出して友好関係を結ぼうとした。義昭は近江三井寺の僧暹慶（還俗して山岡景友と名乗る）を山城の半国守護に任命するなどして対抗し、各地の一向宗門徒や武田信玄らの戦国大名へ支援を呼びかけている。

皇居修造と改元　義昭に五か条の事書をつきつけた信長は、さらに全国の大名に対し、禁中御修理を第一の名目にして上洛を求め、将軍に巨従の礼をとらせようとした。この指令を無視したとして、信長は越前の朝倉義景、近江の浅井長政を攻め、姉川に破っている。

信長は、皇居の紫宸殿・清涼殿などを三か年にわたって修造し、また皇室の日常経費をまかなうための基金も提供した。このような態度は、信長の「勤皇精神の発露」として賛美されたり、「復古政治の基調」として批判されたりしているが、何よりもこれが人心の収攬に役立ち、自己の支配権を全国に拡張するための手段となったことを考える必要があろう。

皇居修造の費用は、諸大名からの献上金もあったが、信長は、畿内近国の寺社や郷村にも米銭を割り当て、また人足を徴収している。畿内近国は室町幕府の基盤で、信長の勢力がおよばない地域であった。また、全国の大名へも動員令を発している。

信長は全国の大名を主従関係で統率していたわけではない。しかし、朝廷への奉仕を名目とすれば、主従関係をもたない大名をも動員することができたのである。また、自己の領国ではない畿内近国に、一定の基準で公事銭や夫役を徴収することも可能としたのである。この関係は、ひろく全国へおよぼすことも不可能でなかった。

主従関係は、一般に知行の授受を通じて結ばれる。主人は家臣に土地を給与し、家臣はそれに従って軍役を負担する義務が発生する。御恩・奉公の関係と言われる一種の契約関係であるが、仮に家臣の軍役が一定の基準で課せられたとしても、定量化されたとは言えず、実際は主人に対する無限の奉仕が求められている。

信長と戦国大名には、このような主従関係はない。しかし、信長が「天下之儀」を掌握することによって、国家の統治権にかかわることがらについては、知行授受の有無にかかわらず、命令を発する権限をもったのである。国家の名による戦争においては軍事指揮権が生ずる。信長が諸大名に朝廷への奉仕を名目に動員令を発し、諸大名がこれに応じたときには、両者の関係は、本来は軍事指揮権によるものであるにもかかわらず、あたかも主従関係があるかのような形態をとる。この関係が貫徹すれば、軍役は主従関係としての形態が整うのである。軍役を国家に対する役儀ととらえる方向が、信長によって打ち出されたことは確認されよう。

信長は、義昭が好んだ元亀という年号を嫌い、改元を望んでいた。異見十七か条の中で、この年号は不吉だと世間で取沙汰されているにもかかわらず、義昭が改元に要するわずかの費用を出し渋っていることを非難し、天下のために由々しいことであると述べている。改元の申請は幕府より出されるのであるが、信長はこれに介入することを通じて、公権により深く関与していくことを狙ったのである。

一向一揆との対決　義昭を追放し、室町幕府を滅亡させてからの信長は、一向一揆との全面対決を通じて、新しい国家体制を樹立するための戦いをすすめていた。

一向一揆の主体勢力は、当時の複雑な社会関係を反映して多様であった。戦国大名の家臣から、地侍・名主百姓・平百姓・商人・職人など、あらゆる階層を網羅しており、ワタリという非農業民も含まれていた。木樵《きこり》・鍛冶《かじ》・漁師・船頭など山野海川を生活の場としている人たちが住みついた河口地帯に、一向宗門徒の拠点がつくられたという井上鋭夫氏の見解は、その後の研究に大きな影響を与えた。

親鸞にはじまる一向宗は、来世での極楽往生を説くものであるから、現世での身分秩序や不合理などは問題にしていない。領主に対しては年貢を正しく納入し、反抗的な態度をとらず、ひたすら従順であることを求めているのだから、教義それ自体が一揆を必然化したという解釈はできにくいのである。

一五世紀末に石山本願寺を創建し、その後の一向宗発展の基礎をつくった蓮如は、村落内での布教の対象者に、坊主・年老《としより》・長《おとな》の三人を挙げているが、地域によってその構成は異なっており、信長の対応策も多様であった。

濃尾地方のように、かなり早い時期から在地武士層の家臣化がすすみ、土豪・名主百姓など村落支配者層も、門徒集団を結成する以前に武士団に編入されていったところでは、さして大きな一向一揆はおこらなかった。

三河地方のように、在地領主層が門徒化し、連合体を結成したところでは、戦国大名と一揆勢力は対抗関係にあった。家康の譜代衆にも門徒がおり、永禄六年（一五六三）の一揆では家臣団が二分される様相を呈したが、中心メンバーが帰参するにおよんで鎮定された。土豪・地侍衆を主体とする地域では、彼らと名主百姓・平百姓層との間に楔を打ちこむことによって、一揆を抑えることができたのである。

伊勢長島地方のように、平百姓層までもが門徒化したところでは、抵抗の基盤は強固であり、信長も徹底した根絶策をとろうとした。天正二年（一五七四）秋に行なわれた信長の長島攻めは、数年前からはじまっていた一揆勢力との対決に終止符を打つものであった。この地域は木曾川下流の輪中地帯で、ワタリと呼ばれる人たちや門徒百姓は願証寺を中心に結束していた。信長の大軍は長島を包囲し、兵粮攻めにした。多数の餓死者を出した一揆勢は降伏し、舟で退去しようとしたところを、信長勢は約束を無視して発砲し、二万人もの老若男女を皆殺しにしたのである。

北陸のように、本願寺を領主とする門徒領国制が成立したところでは、一揆勢力はみずから年貢・夫役を徴収し、裁判を行なうなど、権力機構としての性格を帯びていた。在地領主としての本願寺は、門徒領民に対して、死刑をも含んだ強い成敗権を保持し、軍勢催促などを行なっている。

信長が伊勢長島を攻略していたころ、北陸地方はすさまじい勢いで一揆勢が支配をひろめていた。その翌年、信長は大軍をさしむけ、越前などで一部を奪回したが、戦局は一進一退であった。天正四年（一五七六）信長の武将である前田利家は、越前一揆に加わった千余人の門徒を捕え、磔《はりつけ》・釜ゆでといった残虐な処刑を行なった。この事実は、福井県武生市（現・越前市）から出土した文字瓦に達筆な字体で刻まれており、悲惨な情況を今日に伝えている。

このように、異常なまでに徹底した強圧策がとられたのは、一向一揆が、在地に根ざした封建的支配をめざす勢力として、信長には最も危険な存在に映ったからである。国人・地侍と名主百姓・平百姓らが結合し、横のつながりをもちながら地域的権力を樹立していくことは、一円領主化をめざす統一権力にとって強い敵対物となる。したがって、侍と百姓とが結びついた体制を解体し、その一部を家臣団に編入して在地と切り離し、その他の部分を武装解除して、農業などに専念させる方策がとられた。領主階級がヒエラルヒーをつくり、総体としての力で百姓から年貢・夫役を徴収し、商人・職人などをも支配しうるような体制の確立こそが、近世封建制のめざす道だったのである。兵農分離とは、このような内容を含んでいる。

本能寺の変　天正八年（一五八〇）信長は本願寺を屈服させ、一向一揆の組織的抵抗は終わりをつげた。信長は、全国平定にむけての地歩を固めるため、畿内近国への支配を一段と強化した。

寺社勢力の強い山城・大和では、この時期まで荘園制が現実に生命を保っていたが、信長は寺社から指出《さしだし》を徴収し、所領の権利関係を調査している。とくに、寺社が直接支配している土地と、他の寺社の所有に帰し、あるいは侍衆・百姓らの持ち分となっている土地との区別を明確にし、現況を正しく把握し、穏地《おんち》の摘発にもつとめている。

近江では指出検地を行なっている。耕地を田（米）と畠（大豆）に区別し、一筆ごとに地字《ちあざ》を調べ、面積を算出し、年貢高を石高《こくだか》で表示し、その土地の支配者である給人名と、耕作者である百姓名を検地帳に記している。給人と百姓の関係は不一致で、いわゆる散り懸りの様相を呈しているが、出作・入作の関係は調査されており、近世的な農政の端緒が見出されよう。近江の地は肥沃で生産力水準が高く、安土築城以降は信長の領国として、近江衆と呼ばれる新たな側近家臣団を生み出していた。

播磨は別所長治を攻略して支配地としたのであるが、信長は秀吉を奉行人として検地を実施している。秀吉は家臣に石高表示の知行宛行状を出し、家役や諸公事免許も行なっているが、実際に棹入れは行なわず、百姓に知行指出を命じただけであった。

この年に信長は、一向一揆鎮圧のさいに不首尾があったとして、林道勝・佐久間信盛といった腹心の部下を追放している。畿内近国での指出検地と合わせて、家臣の引き締めをはかろうとしたものだが、この点、信長政権は、非常な弱点を有していたのである。

家臣団統制の面では、信長の武将は在地領主としての性格を払拭することができず、本領地については中世以来の支配体制をとる者が多かった。信長も、彼らを知行替えして在地から引き離し、被官として直接把握することは不可能であった。尾張にある家臣の居宅を焼き払って安土への強制移住を命じたとしても、それで解決のつく問題ではなかった。国人層が名主百姓らを従えた一揆体制をとっている場合でも、それを解体することができず、そのままの形で重臣層の与力として付属させることもあった。したがって、重臣層といえども、このような下部の動きに規制され、また、在地領主としての属性から、時として信長に対しても独自の行動をとらざるをえなかったのである。

領国支配の面では、濃尾から近江という生産力水準の高い地域を確保した信長も、畿内を完全に掌握することができなかった。伝統的に寺社本所勢力が強く、室町幕府の奉行人・奉公衆は、新興武士としての信長を決して歓迎しなかったのである。

この弱点をはしなくも露呈させたのは、天正十年（一五八二）六月、明智光秀の叛乱である。光秀の出自は美濃の旧族である土岐氏で、将軍義昭に仕え、幕府の奉公衆などとつながりをもっていた。本能寺の変は、織田政権の畿内支配の脆弱さによって必然化されたものと言えよう。信長は信忠（長男）とともに戦死し、この劇的な結末によって織田政権は崩壊したのである。

関白の権限と機能

豊臣政権の時期区分　織田政権が戦国大名から転化したものであるならば、豊臣政権は、織田政権の内部に発生し、それを換骨奪胎したものであるから、成立事情が大きく異なってくる。その点を考えて時期区分すれば、次のとおりであろう。

第一段階は、信長の家臣であった天正十年（一五八二）六月まで。

この時期の秀吉は、あくまで織田政権の存在を前提として行動しているが、天正八年（一五八〇）の播磨検地は、太閤検地の施行原則を打ち出したものとみられる。この時点で第一段階を、さらに前後に分けることができよう。

秀吉は天文六年（一五三七）尾張中村に生まれたが、文書に初めて名を現わすのは、永禄八年（一五六五）の美濃攻略のさい、信長の奉行人としての立場においてである。近江長浜に所領を与えられてから、徐々に領域支配権を確立し、石高表示の知行宛行状や寺社領寄進状を発給している。この石高については、生産高か年貢高かについて意見が分かれているが、中世以来の土地制度の地域的慣習のなかで、諸階層の対抗関係として考えなければならないであろう。

近江地方に早くから石高表示がみられることは、この地域の水田稲作生産力の高さを背景に、自立化をとげつつある小農民が惣村を基盤として展開する反権力闘争に対抗するため、領主側が採用した戦術として理解しうるのではなかろうか。つまり、在地の生産力を、貫高制よりも深く把握するための方策なのである。

第二段階は、信長の死後、領域支配の拡大と深化をめざして各地を転戦し、奥州平定に成功する天正十九年（一五九一）七月まで。

秀吉は、信長の後継者争いに勝利を収め、大坂築城・関白就任などで権威と権力を身につけ、四国・九州・東国へと版図をひろげた。天正十五年（一五八七）九州の島津氏を降伏させることによって、全国制覇の展望がひらけ、朝鮮出兵のプランも具体化していく。この時点で第二段階を、さらに前後に分けることができよう。

秀吉が発給した知行宛行状には、種々の形態がみられるが、宛行状に総石高と知行地を記し、詳細な知行目録をつけるという形式が一般化した。また、重要な法令が多く発せられるが、法令の適用範囲と施行状況について具体的に検討し、個々の法令がもつ機能を確定してゆかねばならない。

第三段階は、全国統一の達成後、秀吉の死にいたる慶長三年（一五九八）八月まで。

豊臣政権の最後を飾るにふさわしい対外侵略戦争が行なわれた時期で、秀吉は関白職を甥の秀次に譲り、みずから太閤と称したが、文禄四年（一五九五）の秀次事件は、豊臣政権の内部矛盾を浮き彫りにし、その崩壊を促した。この時点で第三段階を、さらに前後に分けることができよう。

太閤と関白の権限と機能の問題は、豊臣政権の性格を考えるうえで重要である。秀吉は全領主階級を主従制の原理で統轄し、ヒエラルヒーの頂点に立つが、関白職は、その内部にありながら、主従制とは異なった、日本全土を国―郡―村という統治原理で支配し、それによって、封建国家としての豊臣政権にまとまりを与えるものであった。この国郡制的支配原理を、同一血縁内での機能分化という形で強化する企てに失敗したところに、豊臣政権が崩壊する要因が秘められていたのである。

第四段階は、秀吉死後であるが、大坂夏の陣によって豊臣一族が滅亡する慶長二十年（＝元和元年一六一五）五月まで。

秀吉死後の豊臣政権は、秀頼を擁立した五大老連署体制に引き継がれ、事実上は家康が実権を掌握するが、慶長五年（一六〇〇）関ヶ原の戦い以後も、豊臣政権の継承者としての側面は残っていたのである。慶長八年（一六〇三）家康が征夷大将軍に任ぜられ、江戸幕府が成立しても、秀頼は将軍家康にただちに臣従したわけではないが、この時点で第四段階を、さらに前後に分けることができよう。

豊臣政権と初期徳川政権が連続する側面については、「公儀」という観念が継承されることを通じての検討が加えられている。大坂城を中心に、実体としては一大名にすぎない秀頼が、いかなる権限と機能を有していたかを具体的に明らかにすることは、幕藩体制を考えるうえで重要な課題の一つであろう。

全国統一の進展　天正十年（一五八二）六月、明智光秀を山崎の合戦で破った秀吉は、信長の孫にあたるわずか二歳の三法師（秀信）を相続人に推し、後継者としての地歩を固めた。翌年には信長の宿老である柴田勝家を賤ヶ岳に滅ぼし、それと結んだ神戸信孝（信長の三男）を尾張内海に自殺させた。そして、かつて一向宗門徒と激しい攻防戦を演じた石山本願寺跡に大坂城を築き、全国統一のための足掛りとした。この地域は農業生産力が高く、伝統的な商業や手工業も盛んで、堺を仲介として外国貿易と結びつきやすく、畿内先進地域を掌握するのに好都合であった。宣教師の記録は、秀吉は京都を焼き払っても、ここに内裏や有力寺社を移転させるだろうという巷の噂を伝えている。

天正十二年（一五八四）の小牧・長久手の戦いは、秀吉が家康・織田信雄（信長の二男）を相手に、織豊政権発祥の地である尾張を中心にくりひろげたものである。戦闘そのものの規模は小さく、勝敗も決まらなかったが、双方は本願寺や根来・雑賀衆や戦国大名、さらには在地土豪層を味方に加えようと働きかけた。多くの土豪たちは、在地における自己の勢力の伸長を夢見つつ、秀吉・家康いずれかの側に組織され、局地的な攻防戦が絶え間なく行なわれた。しかし、土豪層の独自の動きは封じられ、領主化の望みは絶たれたのである。もはや、統一権力に服属する以外に活路を見出すことができないことを、この戦役によって知らされたと言えよう。

秀吉と家康の対決は、軍事面では決着がつけられず、緊張は最後まで続いた。表面上は、天正十四年（一五八六）の家康の上洛によって臣従関係が結ばれたが、秀吉は家康の領国へ、自己の権力を浸透させることができなかった。

四国征服についで、天正十五年（一五八七）には九州全土を征服し、知行割を行なった。たとえば小早川隆景は、さきの四国役の戦功で与えられた伊予を召し上げられ、代わりに筑前・筑後および肥後国一郡半が与えられている。もちろん、旧族大名の所領が、そのまま安堵された例もみられる。この過程で秀吉は、宣教師追放令を発している。

天正十八年（一五九〇）の小田原征伐は、最後の戦国大名・北条氏との対決であるが、圧倒的な武力の差をもってこれを滅ぼし、家康を関東に入部させた。家康の領国であった三河・駿河・遠江など五か国には信雄を入れようとしたが、国替を拒否した信雄は改易となった。これによって、尾張から織田政権の後裔も駆逐され、秀次の領国となったのである。家康の旧領国には、秀次の家臣が取り立てられた。

関白任官　秀吉は、小牧・長久手の戦後に従三位・権大納言にのぼり、正二位・内大臣を経て、天正十三年（一五八五）七月に関白・従一位に任ぜられた。翌年には豊臣姓が与えられ、さらに太政大臣に昇進している。これは、武家出身者としては空前のことである。秀吉は、文武百官を統率して天皇に奉仕するという古代的権威によって、身分制社会の頂点に立ち、下剋上の風潮に終止符を打とうとしたのである。

関白任官に伴い、京都における居所として、天正十四年（一五八六）大内裏の跡に聚楽第を造営した。完成は翌年になるが、全国から良質の材木や石をあつめ、豪華をきわめるできはえであった。天守・楼門・二重の郭や武将の屋敷・庭園などを配し、高く積まれた石垣や深い堀で囲まれた城郭建築としての威容が、現存の絵画からうかがわれる。天正十六年（一五八八）四月に後陽成天皇を招き、諸大名や公家とともに盛大な宴を張っている。全国からは多くの人が、見物にあつまった。

天皇の聚楽行幸は、大名・公家に関白としての自己を認識させるために秀吉が演出したものであった。文武百官を率いて天皇に奉仕するという形がみごとに整えられたのである。秀吉は京中の銀地子を禁裏御料所へ、米地子を院御所へ献上し、諸公家・門跡へも所領を寄進した。そして、奉公を致さない場合には叡慮を以て召し上げるとも述べ、自己への忠誠を誓わせている。家康・信雄という長久手戦での敵対者をはじめ、多くの大名も、関白としての秀吉の命を遵守する旨の起請文を提出した。

秀吉は本城としての大坂城と、居所としての聚楽第とを往復していたが、それは、封建領主制の頂点にある自己と、関白として国家統治の任にあたる自己とを、形の上では使い分けているかのようであった。もちろん、同一人格のなかに二つの機能が併存しているのであるから、この区別は意味がない。しかし、天正十九年（一五九一）十二月、甥の秀次に関白職を譲り、みずからは太閤を称するにおよんで、大坂城は公儀としての豊臣政権を象徴する秀吉の城となり、聚楽第は「当関白様」と呼ばれた秀次が執務するところになる。これによって、太閤と関白との機能は、空間的にも分離するのである。

太閤検地　秀吉は、天正十年（一五八二）に明智光秀を破った直後、山城から検地を実施し、征服地の拡大につれて全国におしひろげた。秀吉が実施した検地という意味で、これを太閤検地と総称している。

太閤検地の施行原則は、六尺三寸棹を一間とし、三〇〇歩を一反として土地の面積をはかった。一般には、田畠それぞれを上・中・下・下々の四段階に分け、一反についての基準収穫量を石高で表示した。たとえば上田一反＝一石五斗、中畠一反＝一石というような形で設けた基準を石盛《こくもり》というが、これに則して一筆ごとの土地は米の収穫量に換算される。畠や屋敷地など実際に米を生産しない土地についても、米の収穫見込量としての石高がつけられ、裏作麦の収穫量なども、この数値に織りこまれるから、田・畠・屋敷などすべての土地は、何反何畝といった面積ではなく、石高で表示されるようになる。すなわち、何万石の大名、何石何斗何升の高持百姓といった形で、大名の支配する領国も、百姓の所持する耕地も、すべて石高で呼ばれるのである。

太閤検地の施行原則の一つは「一地一作人」である。検地によって石盛がつけられた土地は、一筆ごとに耕作者が定められ、検地帳に登録された。これによって、耕作を行なう権利は保証されたが、年貢納入の義務を負わされ、耕地を捨てて他へ赴いたり、商人になって土地を離れることなどはほとんど不可能となった。

もう一つの施行原則は「作合《さくあい》否定」である。これは、百姓は領主に対してだけ年貢を納入すべきこととし、たとえば有力な長百姓《おとな》が小百姓を勝手に使役したり、加地子《かじし》などの名目で収穫物を取ることを禁止することを指している。中世では、一つの土地に対する権利関係が、名主職《みょうしゅしき》・作職《さくしき》などに分かれており、直接生産者である百姓は、それぞれに対して、一定額のものを上納しなければならなかった。この原則は、小百姓が長百姓からの収奪を免れるという点では、経営を安定するうえで有利に作用し、小百姓保護の政策と言えよう。領主は、百姓が最低限の生活を行ない、翌年の種籾を確保できる程度のものは与えるが、それ以外のすべての収穫物を年貢として徴収した。これによって、長百姓が中間搾取する余地がないようにされたのである。

検地の実施状況は一般的には厳格で、隠田は容赦なく摘発され、荒地を開墾した土地でも、一定期間の作り取りを許したのちには、原則として年貢が課せられた。秀吉は「山の奥、海は艪櫂《ろかい》のつゝき候迄」入念に調査し、もしも反抗する者があれば「一郷も二郷も悉《ことごと》くなでぎり」にせよと命じている。百姓の負担は、年貢納入のほか、夫役として種々の労役に従事することだった。年貢は、収穫物の過半におよぶ場合もあった。夫役は、はじめは家または屋敷地を基準に賦課され、戦陣に召し連れられたり、築城・運輸・土木・築堤などに実際に動員された。のちに、賦課基準は石高に代わり、さらには米納や金納になって、直接に動員されることは少なくなっていった。

石高制の成立　太閤検地によって、すべての土地が、面積ではなく石高で表示されることになった。近世封建社会の基本関係は、石高によって媒介されることになるので、これを「石高制」と呼んでいる。

将軍と大名、大名と家臣といった主従関係も、石高による知行の授受で結ばれる。すなわち、領主階級内部の序列も、石高制によって定められているのである。

日本全土は原則として石高がつけられた。慶長三年（一五九八）の記録では、総石高が一八五〇万九〇〇〇石余、そのうち豊臣氏の蔵入地（直轄領）は一九七万六〇〇〇石余となっている。形式的には、すべての土地は秀吉のものとなり、大名はこれを拝領するもので、たとえ中世以来の本領地であっても、秀吉の安堵をうけなければ知行権は生じなかったのである。この関係は江戸幕府へ引き継がれた。将軍の代替わり、または藩主が襲封したときは、改めて領知を確認する手続きがとられた。このことは、封建的主従関係は将軍家と大名家との間に結ばれるのではなく、将軍と大名という個人間のものであることを示している。

秀吉から拝領した土地は、石高で表示されているが、大名は、その石高に応じて軍役奉仕の義務を負った。たとえば、知行高一〇〇石につき五人の役儀とするならば、一〇万石の大名は五〇〇〇人の家臣を率いて戦陣に参加しなければならない。築城など平時の普請役の場合も同様であった。もっとも、大名の知行高のうちには、一定の無役高が含まれていることがある。たとえば、一〇万石の大名でも、二万石の無役部分がある場合は、実際に役が課せられるのは八万石に対してであるから、さきの基準では四〇〇〇人動員すればよく、それだけ負担は軽減されている。この無役高は、秀吉と大名との個別的な関係で決められるから一律ではなく、無役部分をもたない大名も多い。一般に無役高は、領国体制の確立が未熟で、放置しておけば過重な軍役を果たし得ずに崩壊するかもしれないような大名を援助する場合に認められた。これは豊臣期特有のもので、江戸幕府の発給した知行状からは、無役という名は消滅していくのである。

大名と家臣との関係も、秀吉と大名との関係に規制され、同じ内容になっている。大名が拝領した土地は、一部が直轄領となるほかは家臣に配分されるが、家臣は、与えられた知行高に応じて、大名に軍役を奉仕する義務を負った。それを果たすため、知行地の百姓から年貢などを徴収し、一族を養い、武具を装備するのである。寺社に土地が寄進された場合、その寺社は領主として、その所領内の百姓から年貢を徴収した。

武将であれ寺社であれ、知行地をもつ者は領主として、百姓から年貢を徴収する権利をもった。年貢は一般に村を基準にして課せられるが、個々の百姓は、自分の持高に応じて負担することになる。領主は、その年の収穫状況などを勘案し、割合を定める。たとえば、所持石高五石の百姓に六割の年貢率で賦課された場合、納めるべき年貢量は三石となり、これは領主の収入になる。実際に百姓が収穫した量は所持石高の数値とは一致しないが、仮に収穫量も五石であったとすれば、その百姓は、年貢納入分を差し引いた二石で翌年の種籾分を確保し、一家の生活を営まなければならない。所持地のうちには畠もあるのがふつうだから、実際に収穫した米は、すべて年貢にまわしても、まだ不足する場合もある。畠作地帯では年貢の貨幣納も早くから行なわれているから、百姓は収穫物を売った代金で年貢を納めることになる。いずれにせよ、一般の百姓が米を食べる機会はほとんどない。田の裏作麦や、稗・粟その他の雑穀類が主食だったのである。

朝鮮出兵　秀吉が朝鮮出兵の意志を公表した事実が確認できるのは、関白任官の直後にあたる天正十三年（一五八五）九月であるが、その後、対馬の宗義智に命じて外交交渉にあたらせ、朝鮮国王の来日を求めている。九州征服後には博多を兵站基地として、蔵米をここに運びこめるような体制をとるなど、具体的な準備がすすめられた。

秀吉の直接の目的は、明国を服属させることで、朝鮮にはその道案内を求めるという「仮道入明《かどうにゅうみん》」を標榜していた。これによって領土拡張をはかったことは言うまでもない。国内の封建的統一が達成されたのち、秀吉が家臣に知行地を給付するには、原則として自己の蔵入地を割《さ》いて与えるほかはなく、それには限界があった。諸大名のなかには海外に所領を希望する者もあり、これらの動きを背景にして、国内の統一戦争の延長上に、朝鮮出兵が企図されたのである。

また、一六世紀なかごろに勘合貿易が中断されてから、中国産の生糸の輸入はポルトガル船の中継によって行なわれていたが、秀吉の意図する貿易独占政策は、すすんで明国との直接取引きを求めていた。このような日明貿易再開の動きは、対外領土拡大の要求に裏打ちされていたのである。

出兵に際しての軍事動員令は、天正十九年（一五九一）九月ごろに発せられた。諸大名は、領内で兵員・武具・兵粮米・舟などを用意し、定められた日までに肥前の名護屋に参陣した。これには、奥州の大名までも実際に動員されている。

天正二十年（＝文禄元年一五九二）の陣立書によれば、最初に朝鮮に出兵するのは西国大名が主力で、軍団は地域的にまとめられ、一万〜二万人程度のグループが作られている。その中核には織豊取立大名が配置され、旧族大名である外様《とざま》を実際に動員できる体制がとられている。軍役人数と知行石高とは照応しており、外様大名をも含めた全領主階級を包摂し、石高制に依拠した体系的なもので、ここに封建的ヒエラルヒーの完成した姿を見出すことができよう。

水軍組織としては、織豊取立大名を主体として舟手が作られた。九鬼・来島《くるしま》・堀内らは海賊衆の出自であるが、藤堂・脇坂らは、統一政権との結びつきを保ちながら大名に成長していく過程で、在地の海賊衆を配下に吸収したのである。一般大名の場合も、独自の水軍組織を所有していることが多かった。水軍の役割は、海上での戦闘行為よりも、人馬や兵粮米の輸送が中心で、上陸して城の守備に配置された例もみられる。

軍事組織を編成するにあたって、武士階級だけでなく、領国内の民衆も動員されている。彼らは百姓身分のまま、陣夫《じんぷ》役（農民）・水主《かこ》役（漁民）として徴発され、諸大名の軍役体系の一環に組み入れられた。たとえば肥前の五島純玄の場合、朝鮮出兵のさいの軍役人数は七〇〇人であるが、そのうち、下夫二八〇人、船頭水主二〇〇人と、過半数が百姓身分の者で占められている。さらに、兵粮米の確保のための年貢増徴は一段と激しさを増し、田畠の荒廃や農民の逃散《ちょうさん》などをひきおこしたのである。

また、諸浦の舟のほとんどは九州に回航され、釜山—対馬—壱岐—名護屋間の漕ぎ送りに利用された。この四地点には舟奉行が置かれ、人馬や糧食の輸送を監督した。朝鮮出兵は、農漁村の生産条件を大きく破壊したのである。

三国国割計画の破綻　緒戦の勝利によって朝鮮の都が陥落した天正二十年（一五九二）五月、秀吉が関白秀次に呈した日本・中国・朝鮮にまたがる国割計画は、大局的判断を欠いた空想にすぎないものであるが、かえってそれが、秀吉が描いていた構想を如実に物語っている。この文書は加賀の前田家に伝わったが、「豊太閤三国処置太《はなはだ》早計」という皮肉な表題がつけられている。

内容は、後陽成天皇を北京へ移し、その関白職に秀次をつけ、日本の帝位は若宮（皇子・良仁親王）か八条宮（皇弟・智仁親王）に継がせ、その関白には羽柴秀保か宇喜多秀家をあてるというものである。また、朝鮮には羽柴秀勝か宇喜多秀家、九州には小早川秀秋を置き、京都・聚楽の留守居は未定であるが、増田長盛・大谷吉隆、・石田三成らに当面は任せるほか、朝鮮都・名護屋にも留守居を置くようにしている。このような構想は、やがてインドまでを含めたものに発展していく。

このような机上のプランが、秀吉の思惑どおりにすすまなかったことは当然であろう。当時、朝鮮の正規軍は弱体であったが、慶尚道・全羅道を中心とする民衆の義兵組織や、圧倒的な明《みん》の援軍の到着によって補給路が絶たれた。渡海した兵員も、陣立書では二四、五万となっているが、実際には一〇万人程度のようで、戦線の拡大につれて各地に分散して配置されるため手薄となり、一戦ごとに死傷者が出ても、補充は不可能であった。表面は勝利を収めても、気がつかないままに敗北の影が刻々と迫っていたのである。

戦闘と並行して、日明の和議交渉が、小西行長と沈惟敬《しんいけい》との間ですすめられた。戦争に直接かかわっている朝鮮は、この交渉に加わっていない。これは、明帝国を中心とする東アジア世界の冊封関係によるものであるが、秀吉の国際認識はきわめて不充分なものであった。

文禄二年（一五九三）六月、秀吉は明の使者に七か条の和平条件を提示した。これは、客観情勢を無視した独断的なものであるが、明の皇女を天皇の后とすることなどのほか、勘合貿易の復活協議と朝鮮八道のうち四道の割譲を求めている。くしくも併記されたこの二条件は、秀吉が出兵のさいに企図したことがらであり、国内において、いわゆる武断派・吏僚派諸将の、それぞれの要求を反映したものであった。

明側としては、このような要求に応ずるはずはない。行長と沈惟敬は秀吉の表文を偽作し、これをもとに秀吉を「日本国王」に封ずるという国書がつくられた。ことの次第は慶長元年（一五九六）大坂城での明使引見のさいに明るみに出た。秀吉は激怒して再征を命じ、翌年、充分の見通しもないまま朝鮮再征となったのである。

秀次事件　天正十九年（一五九一）八月の愛児鶴松の夭折は、秀吉の政権構想に大きな変化を与えた。同年末に秀吉は、甥の秀次に関白職を譲り、みずからは太閤と称することによって、世襲体制をとることを内外に宣言した。さらに文禄二年（一五九三）八月の秀頼誕生は、この体制をも狂わせ、やがて悲劇的結末へと向かわせるのである。

関白としての秀次は、天皇の意志を取り次ぐ立場にあり、公家・寺社・官位・交通など個別領主権を超える国家的性格を帯びた事象にかかわっており、秀吉たりとも、これらの点についでは、秀次を通すという形式を踏まなければ、自己の意志を表わすことはできなかった。他方で秀次は、尾張を中心とする個別領主的存在で、独自の家臣団を有していた。しかし、秀吉と知行関係は結ばれておらず、封建的ヒエラルヒーの外部にある例外的存在であった。両者の関係が親密であるならば、太閤と関白は、豊臣政権内部における機能分化の問題として処理されようが、亀裂が生ずれば、致命的な結果を招くことになる。

秀次自身の性格上の問題と、秀頼出生という予想外の事態で、秀吉と秀次の間が険悪となったころ、秀吉は秀次領の尾張に、異例とも思える政治的監察を行なっている。これは、先年の太閤検地のさいの石高との増減を厳しくチェックし、検見《けみ》によって実際の収穫高を調べ、そのうちから一定部分を百姓に遺し、残りのすべてを徴収するというもので、尾張領の実態は、あますところなく秀吉に掌握されたのである。

両者が融和する試みは幾度かあったようであるが失敗に終わった。文禄四年（一五九五）七月、秀吉は秀次に謀叛の疑いをかけて出家させ、無位無官としたうえで高野山に追いやり、自殺させた。これによって豊臣政権は、知行体系からはみ出した存在を暴力的に処断し、ともかくも封建的ヒエラルヒーを形式的に整えたのである。

秀吉の死　秀次事件という空前の領主的危機は、ともかく切り抜けることができたが、豊臣政権は大きくバランスを崩していた。慶長二年（一五九七）の朝鮮再征は、偽りの日明和議交渉が決裂した結果によるものであるが、充分な見通しもなく強行されたもので、厭戦気分はいっそう高まっていたのである。同年四月、秀吉は田麦年貢三分の一徴収の指令を発し、兵粮の確保をはかった。田の裏作麦は、百姓が糊口をしのぐ糧として、鎌倉時代から領主側は不課税の原則を守ってきた。太閤検地条目では、裏作麦の有無は石盛を決定する一要素となっており、石盛を少し高くすることによって、麦作部分も数値に織りこんでいる。したがって、さらに収穫量の三分の一を徴収することは、全くの二重取りである。しかも、石高制による年貢賦課の方式からみれば、年貢量の算定は、石高に一定の免率を掛けることによるもので、その免率の決定権は、個別領主としての給人が握っているのである。しかし、収穫物の三分の一徴収という方式は、全国一率に秀吉が決めたもので、給人のもつ免率決定権を奪う結果となる。このことは、給人知行権の否定につながるのである。

もしも、給人知行権が全面的に否定され、すべての知行権が秀吉のもとに集約されるような事態となったと仮定した場合、どのような結果が生じるであろうか。秀吉以外の全領主、すなわち、大名やその家臣、旗本（秀吉の直臣）、寺社などは知行権を失い、独自の経済基盤をもたなくなるから、近代国家の官僚や常備軍に近いものになってしまう。つまり、封建国家から絶対主義国家へと転化することになるのである。豊臣政権は、その方向に、一歩踏み出しかけたことは確認できよう。

しかしながら、この方向は挫折し、封建国家としての体制は維持され、江戸幕府へと引き継がれる。田麦年貢三分の一徴収の指令は、慶長三年（一五九八）八月の秀吉の死によって、わずか一年で撤回されたので、給人知行権を形骸化するような事態は、ついにおこらなかったのである。

秀吉の死は、朝鮮から撤兵する契機となった。これによって、多年にわたり両国民衆を苦しめた対外侵略戦争は終わりをつげた。その後の豊臣政権は、五大老の合議体制が引き継ぐことになったが、内部の対立は、やがて関ヶ原の戦いへと向かわせる。秀吉恩顧の大名の間にも、朝鮮役の間におこった不和が深刻化しており、新たな権力闘争によるヒエラルヒーの再編成を不可避なものにしていた。生前の秀吉は、秀頼に対しての忠誠を内容とする誓紙を、諸大名から異様と思えるほどに徴収しており、朝廷へは、秀頼の官位昇進を働きかけていたが、そのヒエラルヒーの頂点に秀頼を据えることは、ついにできなかったのである。

国郡制による支配の枠組

封建的統一と天皇　織田・豊臣期をはさんで、戦国期から近世初期における天皇の地位は非常に低いものであった。皇室財政の窮乏は著しく、譲位や即位の費用が調達できずに儀式が延期されたこともあり、私年号の横行や改元後における旧年号の使用は、天皇の統治権を象徴する元号制定権をないがしろにするものであった。また、官位授与権も、武家側の奏請によらなければ決定できないほど名目化していた。とくに織豊期には、武家の官位は異常に高いものになっている。

このような事情を背景にして、戦前では信長・秀吉の「勤皇」ぶりが強調されたが、戦後では、それを裏返した「天皇利用」論が盛んになった。今日では、近世の天皇が政治的実権をもたなかったことを、かえって理想像に近いものとして、これに象徴天皇制の原型を見出すような見解が強く打ち出されている。

象徴天皇制論は、戦前のような絶対的な天皇親政＝現人神《あらひとかみ》が社会的基盤を喪失した時点で、現実の支配体制に適応し、それを補強するものとして登場したのであるが、戦後に突如として現われたものとは言えない。戦前における美濃部達吉の天皇機関説や、その前段階にあたる陸羯南《くがかつなん》らの国体論、さらには明治前期の自由民権派の主張にも、これと相通ずるものがあると言われている。

戦後の歴史学は、天皇制を天皇親政体制としてとらえ、古代の律令体制と明治以後の天皇制絶対主義に限定した。つまり、天皇と天皇制を区別することによって、天皇制は日本の歴史の全過程を通じて存在したものではなく、とくに近世では有名無実であるということをもって「万世一系」論を批判する根底に据えたのである。

このような主張は、万邦無比・神州不滅といった独善的な万世一系論の魔術から人々を解放し、神話と歴史とを識別し、わが国の歴史の全過程を世界史的視野から理解するうえに大きな役割を果たした。古代専制国家の成立過程や近代天皇制論が、学問的に非常な進展をみせたことは言うまでもない。しかし、天皇と天皇制を区別することによって、それが歴史的にみても限界があることを明らかにしようという視角は、わが国の歴史を通じて天皇（制）がもつ意味を見失わせる結果を招いたと思われる。もちろん、近世においても、朝幕関係論といった形で公武のかかわりについて究明されており、幕藩制国家論のなかでも、天皇の位置は重視されている。しかし、国家機構のうちに占める天皇制的な支配関係の問題は、必ずしも歴史の表面に現われないため、ともすれば見落とされがちである。したがって、主観的には象徴天皇制論を批判する視角をもちながら、十分に果たされているとは言いがたいように思われる。

津田左右吉氏の皇室観　敗戦から半年も経ない一九四六年一月に執筆され、まもなく雑誌『世界』に発表された論文「日本の国家形成の過程と皇室の恒久性に関する思想の由来」（『津田左右吉全集』第三巻所収、岩波書店）は、いわゆる象徴天皇制の主張を最も純粋に述べたものと言えよう。この論文は、上代における日本民族の国家形成について述べたもので、近世の天皇を対象とするものではないが、随所に示唆に富んだ指摘がみられる。たとえば、〝万世一系の皇室といふ観念の生じ、また発達した歴史的事情〟として、次の五点が挙げられている。

一、日本が一民族の国家であり、皇室が征服王朝でないこと。
二、異民族との戦争が行なわれなかったため、君主みずから軍を率いる機会がなかったこと（朝鮮半島進出やアイヌ民族征服の場合も、皇室の勢威とは無関係とみなす）。
三、天皇は名目的統治者にすぎず、政治の実務から離れていたこと。
四、天皇は祭祀などの宗教的任務によって権威を保っていたこと。
五、天皇は文化上の指導的地位によって崇敬されていたこと。

すなわち、天皇は武力を伴った政治的権力者としてではなく、精神的権威の保持者であり、それゆえ国家の統治者としての地位が保ちえたというのである。津田氏は、皇室が民族の英雄ではなく、自然的存在であったところに、永続性の根拠を見出しているのである。

ほんらい天皇は政治と無関係で、天皇親政の時期は歴史上ほとんど認められないとする津田説にとって、明治以後の天皇のあり方について整合的に説明することは、最も苦しいところであるが、大略つぎのように述べられている。

明治維新は、思想革命を伴わない政治上の制度改革で、天皇親政ではあるが、立憲政体をとることによって、天皇に政治責任がおよばない地位を保証することができ、それによって皇室の永久性＝万世一系の皇統を安泰にすることが可能であった。しかしながら、シナ思想とヨーロッパ思想の影響によって、藩閥政府は皇室権を強くすることが天皇の地位を高めるものと考え、国民は、皇室に対して親愛の情を抱くよりも、その権威に服従するようにしむけられた。学校教育では、神代の物語を歴史的事実とみなすことによって、国体の尊厳を説き、封建時代における儒教道徳にもとづいた君臣関係に、天皇と国民との関係をあてはめようとしたが、かえってこれが国民の皇室観を誤らせる結果となった。さらに為政者は、明治憲法で定められた輔弼の道を誤り、天皇を神格化することによって国民から遠ざけ、軍部は天皇に責任を転嫁したことが、敗戦という悲劇を生んだ原因である、という見解である。

この津田論文は、当時における天皇の戦争責任論や天皇制廃止論に対して、天皇および天皇制を擁護し、その永続性を強く主張したものである。周知のように、戦前の津田氏の研究は、皇室の尊厳を侵害したとして有罪判決をうけ、著書も発禁処分に付せられた。しかし、古事記・日本書紀をはじめとする原典研究に示された合理的な批判精神は、天皇制ファシズムのなかで学問的節操を守った人として深い敬意が払われているのである。

そのような、〝市民的歴史学の頂点に立つ思想家〟が、戦後は一転して天皇制擁護を唱え、保守陣営にくみする立場を明らかにしたことは、各界に大きな波紋をまきおこした。歴史学の分野でも、津田氏への批判が鋭い形で出され、津田史学の学問的後退、学者としての悲劇、さらには思想上の変節として受けとめられた。そして、皇位簒奪という事実の指摘、天皇の現実政治への関与の状態の解明、天皇制のもつ残虐性についての告発などが次々と発表されたのである。

天皇と国家の統治機構　とくにわが国の近代では、天皇そのものが政治上の実権を握り、政治外交上の重要事項の決定が、天皇の意志にもとづいて行なわれていたことは否定できない。津田論文においても、事実評価の面での誤りや論理の飛躍があり、それを衝《っ》くことによって批判を行なうことは容易であろう。しかし、私がここで問題にしたいのは、そのような批判のパターンが、津田説に対して真に有効な批判となっているか、という点である。

津田氏の論理の基調は、儒教（シナ）思想とヨーロッパ思想が、明治以後の天皇制を歪めたという点にある。これは、儒教主義というヴェールに包まれた日本の上代史から、緻密な文献批判を通じて、潤色された部分をとり去り、隠されていた真実の姿を浮かび上がらせる学問的方法の前提となっていることがらである。したがって、戦後における強烈な天皇制擁護論は、戦前の記紀批判に示された合理主義と軌を一にしているのであり、決して没論理的に万世一系論を主張したものでもなければ、思想的に後退・変節したものでもないという事実を見落としてはならないと考える。

津田氏は、ヨーロッパ思想に普遍的価値があるということを認めない。絶対王政を打倒するための理論的武器となった市民革命期の政治思想は、帝王と民衆の対立を強調するものとして否定的に評価されており、マルクス主義も、近代ヨーロッパに生まれた社会思想であるがゆえに、批判の対象であった。時評などにみられる強固な反共主義も、この点に由来するものと思われる。

同時に津田氏は、中国の歴史的発展をほとんど認めず、儒教思想は道徳的勧戒のレベルでとらえられていた。中国は王朝交代の歴史のみで、民族の歴史をもたず、世界史の観念が生まれなかったという否定的評価を下している。戦後に発表された論文でさえも「これまでのシナ人の思想においては、シナ人のみで世界が成りたっていたのであるが、その世界は、ほんとうの意義での世界ではなかった」と言い切っている（「シナ史といふもの」）。

中国・西欧の思想や歴史を否定した津田氏は、わが国については、政治形態の変遷があっても、それは歴史的発展の結果であり、歴史意識も深化したことを強調している。その根底にあるものは、万世一系の皇統を戴いているという万邦無比の国体である。つまり、価値の基準は日本的であるか否かという点にかかっている。戦前には、儒教思想によって極端に神格化された天皇像に、記紀の文献的解釈という形をとって批判を行なった津田氏は、戦後のデモクラシーを基盤とする天皇制批判の動きに対しては、積極的に天皇制護持を主張した。一見正反対にみえる氏の態度も、内面では統一が保たれており、独自の「合理主義」を貫徹したものと言えよう。

これまでしばしばみられたように、津田氏のような天皇擁護論を没論理的ときめつけることでは、象徴天皇制論の論拠を批判することは不可能であろう。したがって、「万世一系」という主張に対して「皇統の断絶」という事実を対置することでは、批判の契機がつかみえたかどうかも疑問である。

この問題は、天皇と国家機構との関連を明らかにする方法を確立することにかかっているように思われる。為政者と天皇との関係は、これまでも「朝幕関係」の究明といった方法で取りあげられており、両者の動きを微視的に追究することによって、権力構造の質的変化を把握するような試みもなされてきた。このような方法の有効性は充分に認めるのであるが、国家機構に包摂された天皇権力の実体と性格をトータルにとらえる視角も必要なように思われる。天皇を不可欠の構成要素とする伝統的な国家支配の枠組は、律令国家・中世国家・幕藩制国家などに作用をおよぼし、歴史的条件に規定され、特有の性格を付与するのである。

宗教上の調停機能　綸旨などによる追討令が出されれば、公的な戦いとなるが、戦国大名の間の争いは、全くの私的なものであった。したがって、天皇や将軍など公権力を自認する存在は、しばしば叡慮や上意をもって私戦の停止を命じ、平和秩序の回復を求めている。戦闘の当事者も、幕府などに働きかけて調停を依頼し、ことを有利に運ぼうとしたのである。

信長は、一向一揆との戦闘に際して、少なくとも三回、本願寺と講和を結ぼうと試みている。第一回は元亀三年（一五七二）十一月、将軍義昭と武田信玄を仲介としている。第二回は天正三年（一五七五）十月、加賀の江沼・能美両郡が陥落したときで、このときは本願寺の顕如が三好康長・松井友閑を通じて申し入れ、信長がこれに同意した。形式上は二度とも講和が結ばれたが、いずれも不調に終わり、戦闘はすぐ再開された。

第三回は天正七年（一五七九）秋、信長は朝廷に働きかけ、講和を命ずるための勅使下向を求めている。この前年、別所長治・荒木村重らの戦国大名が、西国の雄である毛利輝元とともに本願寺側に荷担したため、戦局は信長にとって厳しいものになっていた。しかし、毛利水軍が九鬼水軍に敗れるなど、逆転の気配をみせてくると、信長も和議を結ぶ熱意を示さなくなり、勅使下向は中止となった。しかし、天正八年（一五八〇）閏三月、信長と本願寺顕如は起請文を提出し、勅命を受諾する形で講和が結ばれた。信長は加賀の江沼・能美両郡を還附することを本願寺に約し、顕如は石山を退去した。

加賀二郡還附の約束は、その年の冬まで続いた局地的な戦闘のなかで反古にされた。北陸では、惣村を主体とする抵抗はさらに続き、教如（顕如の長男）は徹底抗戦の檄文を各地の講組織に送り、雑賀・淡路の門徒も大坂退城に反対した。この動きも、顕如の努力によって収拾され、本願寺は「赦免」をうける形で抵抗をやめた。

信長の戦略と戦術には、天皇の権威が充分に織りこまれていた。本願寺は信長を法敵としているが、そのこと自体は信長にとって問題ではなかった。一揆勢力も、信長を法敵と思って戦ったというよりは、在地における領主的地位の保全を賭けて抵抗するかのようにみえた。信長は、朝廷をそれほど重視したわけではないが、宗教上の調停機能は天皇が握っていることを充分に認識していた。このことを前提にして、最大限に自己の側にとり入れようとしたところに、信長の国家構想の一端がみられるのである。

この問題は、秀吉の時代にも尾をひいている。文禄二年（一五九三）閏九月、のちに本願寺が東西に分裂する契機となった家督争いに対して、秀吉は、かつて本願寺が大坂に居城し、信長にとって大敵であったが、現在まで続いているのは格別の恩恵によるものだと述べ、教如の弟にあたる准如（理光院光昭）を強引に門跡に据え、本願寺の御影堂留守職を与えている。この場合も、形式上の決定は勅許にもとづいており、関白秀次が後陽成天皇の意を体して行なっている。

叡慮による天下静謐　関白任官後の秀吉は、天皇から六十六か国の統治権を委ねられていると称して、それを政治的駆引きに利用している。

天正十三年（一五八五）十月、秀吉は薩摩の島津義久に書を送り、みずからが関東はもちろん、奥州の果てまで天下を平定すべき命を受けたとして、大友義統との争いをやめることを命じ、もしも守らなければ、勅命によって討伐すると述べている。東国はおろか、九州や四国も自己の支配下に収めていない時点で、秀吉は日本全土を鎮定することを天皇から命ぜられたと宣言したのである。

秀吉が出兵するに際しての口実は、このようなものであった。所領紛争などがおこっている地域では、一方の当事者は秀吉と友誼を保っており、内々はその意をうけて領土拡張をめざしているのだが、秀吉は、そのような紛争を私戦としてとらえ、天皇の名を借りて停戦を命ずる。係争中の他の一方は、いちおうは受諾するものの、不公平な裁定に異をはさむことは当然である。これをもって秀吉は、関白としての自己の下知に従わないとして、叡慮によって諸大名に討伐令を発するのである。

秀吉の九州攻めは、この図式どおりに運ばれた。天下静謐という勅命をうけて、秀吉が実施した九州の知行割（国分《くにわけ》）に従わなかったから誅罰を加えるというのが、その大義名分である。島津義久は秀吉の陣中に走り込んで嘆願し、生命をとりとめ、薩摩一国を安堵された。そして、秀吉に対する恭順を、叡慮を守るという形で誓わせられたのである。

かつては華々しく一揆を結んで信長に対抗した一向宗も、九州攻めに利用されており、本願寺教如は、わざわざ九州へ下向して秀吉を見舞っている。また、かつては会合衆《えごうしゅう》の自治として信長勢と対抗した堺南北の惣も、帷子《かたびら》を秀吉の陣中に贈っている。

この論理は、最後の戦国大名である北条氏を滅亡させるさいにも利用された。これ以前に、北条氏は家康と争った結果、上野国は自己の所領としたのであるが、そのうちの沼田は真田昌幸の所領であるとして紛争がおこった。秀吉は、真田領のうち奈胡桃《なくるみ》という墳墓の地を除いて、他はすべて北条へ引き渡せという裁定を下したが、北条はそれをも奪ってしまったことが、直接の契機となっている。天正十七年（一五八九）十一月に秀吉が北条氏直に発した最後通牒では、「天道の正理に背き、帝都に対して奸謀を企だつ。何ぞ天罰を蒙《こうむ》らざらんや」「普天の下、勅命に逆らう輩、早く誅罰を加えざるべからず」として、来年は必ず節旄《せつぼう》（天子から勅使へ下される旗）を携えて軍勢を進発させるであろうと述べている。この漢語まじりの文書は、右大臣の菊亭晴季と、相国寺住持の西笑承兌《さいしょうしょうたい》の合作である。一部の貴族・僧侶は、秀吉の政治・外交上の顧問となっていた。

後年、新井白石は『読史余論』のなかで、家康が武威をもって天下を統一したのに対し、秀吉は天皇の権威を利用したとして厳しく批判している。そして、勅命をもって討伐を行なったことについて、当時は勅命とあれば謹んで受けるという慣習はなかったから、島津や北条がこれに応じなかったとしても、やむをえないことだと述べている。しかし、源頼朝から薩摩・大隅・日向の守護に補任された名門である島津氏や、関東管領を追放して関八州の後継者を自任している北条氏にとって、伝統的な支配原理への帰属意識は、非常に強固なものがあったと思われる。むしろ、秀吉は関白にせよ成り上がり者にすぎず、正当な命令権者とは認めないという論理が働いていたのであろう。

御前帳と人掃令　九州から東国を征服し、天正十九年（一五九一）には奥州の大崎・葛西一揆を完全に鎮圧し、日本全土を支配の網の目のなかに入れた。諸大名はだれひとりとしてこれに服さぬ者はなく、名目的にせよ、秀吉と主従関係を結ぶことによってのみ、その存在が保証されたのである。つまり、秀吉は全領主階級を封建的ヒエラルヒーで統率し、その頂点に立ったのである。

同年八月、秀吉は三か条の法令を発し、七月の奥州出征のときに、すでに武家奉公人となっている者が、新たに百姓・町人になることを禁止した。これは「身分法令」と呼ばれているが、江戸時代における士・農・工・商といった身分の固定化を意味するものではなく、百姓身分の者が召し抱えられ、武家奉公人として侍身分に準じた扱いをうけ、戦陣に参加することは禁止されていない。しかしながら、百姓の耕作責任を明確化するなど支配・被支配の関係は具体化しており、厳しい身分秩序を成立させる一つの契機となったのである。

主従制の論理が貫徹し、身分の固定化への動きがみられる時期に、以下に述べるような、それとは異質な、国郡制的な支配原理が顕在化する。このような、封建的支配とは次元の違った原理が、封建的ヒエラルヒーが完成した時期に現われるという点に注目する必要があろう。

天正十九年（一五九一）五月、関白秀吉は御前帳《ごぜんちょう》の作成を指示した。秋沢繁氏の研究によれば、御前帳とは検地帳を指すが、禁中へこれを納めるため、全国の村―郡ごとに朱印高（朱印状によって公認された石高）を調査し、郡ごとの絵図を添えたもので、これを国別に集計し、国絵図にまとめたものである。

天正二十年（＝文禄元年、一五九二）三月ごろ、関白秀次は人掃令《ひとばらいれい》を発した。これは家数・人数の調査で、男女・老若・奉公人・町人・百姓などの区別もつけられている。村単位で調査し、これを郡―国別に集計する点は全く同様である。

御前帳の作成と人掃令の発布は、いずれも関白としての権能にもとづいて指示されており、全国いっせいに、同一基準で、村―郡―国という行政組織にしたがって実施されたところに著しい特徴が認められるのである。すなわち、個別領主の支配領域や知行形態の相違を超えて行なわれたもので、実際の調査が大名に委ねられたとしても、大名領国ごとの数値は計上されないのである。

この調査は、朝鮮出兵という全国的規模での大動員を支えるため、その物質的基盤としての人口と石高を調査する目的で行なわれた。年貢・夫役の徴収が、どの程度まで可能かを量的に押さえることを目的としている。

この調査は、太閤検地の全国的施行を前提として行なわれた。すなわち、領主―農民間の一元的な支配関係が、生産物地代の収取を基軸にして体制的に確立したことが、全国的に人口と石高の調査を可能にしたのである。この時期に、石高制に依拠した軍役体系が成立していることが、朝鮮出兵の際の陣立書から確認できることも、同様の事情にもとづくものと言えよう。

このような調査が、全国いっせいに、領有関係を無視し、関白の権限にもとづいて行なわれたことは、国郡制的支配原理が、現実に機能していることの一例を示すものと言えよう。これは、封建的知行関係＝主従制の原理とは明らかに異質であり、いわゆる統治権的支配に属するものである。それゆえに、封建国家を国家としてまとまりをつける核としての役割を果たすものと言える。秀吉を頂点とする封建的ヒエラルヒーが国家として成立するためには、封建制とは異質の原理によって、その枠組が与えられる必要があったのである。

この枠組とは、国郡制という律令制的な支配機構のことで、その権力の淵源は天皇の統治権にかかわっている。封建国家の成立期に、伝統的な国家支配の枠組が強く機能していたことが、改めて確認されるのである。

3　織豊政権下の武将像

尾張の在地武士

統一権力への服属　戦国期の武士は、江戸時代の旗本や藩士に比して、はるかに自立性をもった存在であった。彼らは、先祖が開発した土地や、あるいは恩賞として与えられた土地を「一所懸命の地」として所有し、一族や下人を従えた同族団の首領として武力を蓄え、農民支配を行なっていた。そして、在地領主としての自己の権益を守るため一揆契約を結び、横の繋がりをもって、たとえば逃亡した下人の交換（人返し）や、所領の境界争いなどを自主的に解決し、さら領主間協約としての在地法を作成し、上からの領国支配をめざす戦国大名に対抗した。この間の具体的な事情は、藤木久志・勝俣鎮夫氏らの研究に詳しい。

このような在地領主層が戦国大名に掌握され、その家臣となっても、原則として本領地については干渉をうけることはなかった。両者の間に知行関係が結ばれ、家臣が軍役奉仕の義務を負ったとしても、それは恩給地を通じての関係にすぎなかった。家臣が有している本領地は、戦国大名たりとも、勝手に処分することはできず、したがって転封を命ずることも不可能であった。大名が家臣を改易し、その所領を没収した場合でも、それを再び家臣の一族や縁者に給付することが通例だったのである。

しかしながら、豊臣政権に入ると、太閤検地の全国的施行によって、原理的にはすべての土地は秀吉のものとなり、父祖相伝の本領地でも、いったん召し上げられたうえ、安堵を受けるという形がとられた。改易・転封も自由に行なわれることは当然である。この関係は江戸時代に引き継がれた。将軍は全国の大名を「鉢植えの木」のように、随意に動かしえたのである。もちろん、かつての在地領主が統一権力に服属し、その家臣団に編入されても、自己の判断で免率（年貢徴収の割合）を決定し、百姓から年貢を徴収する権利まで奪われることはなかった。それゆえ、一定の知行権は保持しており、独自の経済的基盤を有しているから、彼らは決して「官僚」にはならなかったのである。

兼松正吉　尾張の在地武士として信長に仕え、さらに信雄（信長の二男）、秀次、秀吉の家臣となり、江戸時代には家康から尾張徳川家に付属させられた兼松正吉《かねまつまさよし》という武将がいる。この家に伝わる「兼松文書」は、いまは名古屋市博物館の分館である豊清二公顕彰館（現・秀吉清正記念館）に架蔵されている。先祖は越前国北ノ庄（現・福井市）の出身であるが、尾張国葉栗郡島村に移住し、織田家に仕えたと言われる。

永禄九年（一五六六）十一月、信長は兼松正吉に、一族である兼松弥四郎の所領を闕所地としたうえで給与した。さらに翌年十一月、美濃国羽島郡の河野で一〇貫文を与えられている。この時期は、美濃の斎藤竜興と争っているが、天正三年（一五七五）六月には、美濃の長森で二〇〇貫文を得ている。さらに天正四年六月には、近江の林村ほか五か所で三五石の知行地を受けている。これは、蒲生郡・野洲郡・栗太郡にまたがっており、いかにも零細で散在的であるが、この程度の下級家臣は所領が分散しているのが一般的傾向である。むしろ、一族や傍系を配置して支配するには適合的な形態のようにも思われる。もちろん、戦国期の在地領主のように、自力で所領を拡大し、一円知行をめざすことは不可能で、与えられた所領を守っていくほかはなかったのである。

信長の死後は、尾張を支配した信雄に仕え、所領を安堵されたうえ、三か所の加増を受けている。天正十二年（一五八四）の小牧・長久手の戦いでは家康方に属し、秀吉と戦っている。「織田信雄分限帳」には「三百六十貫　嶋田郷」と記載されている。

信雄は天正十八年（一五九〇）に転封を拒んだため改易されたが、翌十九年閏正月に、秀吉から美濃国長瀬村で五一〇石が与えられている。さらに文禄二年（一五九三）十一月に、今度は秀次から尾張国春日井郡・近江国坂田郡・犬上郡・甲賀郡の四か所で、五一〇石の地を給付されている。また、秀次が高野山で切腹させられた直後にあたる文禄四年（一五九五）八月、秀吉から尾州丹羽郡のうち三か所で千石が与えられている。

正吉は朝鮮役にも出兵したが、慶長五年（一六〇〇）の関ヶ原の役には、家康の率いる東軍に属し、翌年には戦功によって松平忠吉（家康の四男）に付属させられ、二六〇〇石が与えられた。所領は尾州丹羽郡・葉栗郡の四か村にまたがっている。忠吉の死後は義直（家康の九男）に召し抱えられ、尾張藩の士となった。大坂の陣ののちに家督を次男の正成に譲り、寛永四年（一六二七）九月に八六歳で世を去っている。子孫のうちには幕臣となる者もいたが、代々尾張藩に仕えている。

同じような経歴を有する者はほかにもいる。滝川忠征は、本姓は木全《きまた》氏であるが、信長の家臣である滝川一益に仕えて家号が与えられた。小牧・長久手の戦いでは秀吉方に属し、慶長二年（一五九七）六月には加増を受け、合わせて二〇〇〇石を領知している。関ヶ原の戦いには西軍に属して伏見城攻撃に加わったが、のち家康に召し抱えられて幕臣となり、慶長十五年（一六一〇）の名古屋城築城の普請奉行を勤めている。元和二年（一六一六）家康の遺命により、将軍秀忠から尾張藩に付属させられ、六〇〇〇石が与えられ、翌年には家老に就任した。寛永元年（一六二四）二条城普請のさい、尾張藩は普請役五万石の丁場を割り当てられたが、今度は尾張藩士の立場から、惣奉行として工事をとりしきっている。寛永九年（一六三二）に致仕し、嫡子・時成の所領一〇〇〇石を隠居料として与えられたが、同十二年（一六三五）七七歳で病没している。

国侍と軍事指揮権　この時期を生きぬいた武将のなかには、兼松や滝川のように、幾人かの主人から知行を得ていた者がいる。これは、「忠臣は二君に事《つか》えず」を建前とする江戸時代の武士道倫理からみれば異様に映るかもしれないが、生涯のうちに主人を変える例は決して珍しくなかったのである。もちろん、家臣の側の主体性が強いため、自由に知行関係を結んだということではない。その点、ヨーロッパの知行制《レーン》とは根本的に異なっている。

兼松らは、幾人かの主君を転々と渡り歩いたというよりは、つねに尾張にあって、この地を支配する領主と、つぎつぎに主従関係を結んでいたのである。知行宛行状からみるかぎり、他の武将と変わるところはなく、軍役や普請役も同じように勤めた。尾張の領主は、死や除封によって交替が頻繁ではあったが、彼らは最後まで主君と行動を共にするということはなかった。これには種々の要因が考えられるが、主従関係のなかに、国郡制的な性格が重なり合っている点も見のがしえないのである。

佐藤進一氏の研究で明らかにされているとおり、室町時代の守護は、一国を単位として地頭・御家人を指揮統制するが、その権限は、将軍の代官として戦闘・軍役など御家人の奉公に属することがらに限られ、それを超えて人格的支配を行なうことはできなかった。御家人もまた、軍事勤務の範囲内において守護の統制に服さなければならなかったのである。

守護が幕府の行政機構としてではなく、一国を所領として与えられたと観念されるようになると、守護と地頭・御家人との間に主従関係が発生する。もちろん、その本質は軍事指揮権に由来するが、あたかも主従関係のような外観を呈すると言ったほうが正しいかもしれない。

兼松のような武将は、尾張衆とも呼ばれ、国侍として尾張の地に強く結びついていた。彼らが尾張の知行主と結んだ関係は、まさしく主従制と呼ぶべきであるが、そのなかに、国支配の論理が重なり合っていたのである。

兼松は、尾張の在地領主としての側面をもち続け、時代の変遷をまのあたりにしながら、この地に入部する新たな支配者に仕え続けていたのである。それは、大名としての成長の途を、みずから閉ざした結果でもあった。これに気付いたときには、かつての戦国時代に有していた在地領主としての本質も、すでに失われていたのである。

子飼いの取立て大名

譜代家臣の成長　主従関係が結ばれていても、国支配の論理が表面に現われ、中世以来の守護と御家人の間の軍事指揮権を強く感じさせる者もいるが、文字どおり主従関係を通じて成長していく者もいる。彼らはわずかな禄で主君に召し抱えられ、戦場で生死を共にするなかで上昇し、近習・馬廻といった譜代の家臣から大名格へ取り立てられるのである。

強固な主従関係の実例としては、『三河物語』における宗家の松平氏と譜代家臣との精神的な繫がりが、しばしば取り上げられている。家康の出自は三河の在地土豪で、室町幕府との結びつきもあり、「十八松平」と呼ばれるほどの一族庶家を分出させながら所領を拡大し、強力な族党組織を有していた。とくに、今川氏や織田氏の支配下にあった時期は、主従一体となって悲惨な境遇に耐えつつ、ひたすら時機の到来を待ち望んでおり、この間にはぐくまれた強固な絆《きずな》は、のちに江戸幕府を築く礎となったと言われている。

大久保彦左衛門忠教が『三河物語』を書いたのは寛永初年（一六二〇年代の後半）である。このころは幕藩体制も安定期に入っており、かつて戦場で家康のために命を懸けた生え抜きの譜代層は、幕閣の中心から遠ざけられ、これに代わって、秀忠や家光の側近として成長した出頭人が幅をきかせていた。このような状態に対して、創業時代をなつかしみつつ、自己一門の戦功と譜代としての忠節ぶりを述べ、子孫への訓誡としたのがこの書である。したがって、松平宗家と譜代との関係は多分に美化されており、一族庶家をめぐる争いや国人衆の離反といった事情は、ほとんど記されていない。

松平氏の創業譚のイメージは、豊臣氏が忠実な譜代の家臣団をもたなかったがゆえに権力基盤が弱体であったという点の証明に用いられることが多い。しかしこれも、徳川氏の支配を合理化するうえで、ことさらに強調された面が強いように思われる。織豊取立て大名をはじめ、それに続く譜代層は、豊臣政権の軍事力の中枢を担っているのであるが、徳川氏のそれに比して劣るとは断定できない。むしろ、権力構成を質的に高めていく方向が、明らかに認められるのである。

秀吉自身も信長によって取り立てられた織田大名衆の一人であるが、秀吉の家臣のなかにも、幼少のころから出仕し、あるいは中途で抜擢されて直臣《じきしん》となり、戦功によって知行を増やしながら大名化した者も多い。このような豊臣恩顧の大名は、秀吉と強い主従関係を意識しつつ、「公儀」としての豊臣政権を支えたのであるが、秀吉の死後は、東西に分かれて争うことになった。このことは、主従関係はきわめて個人的なものであり、秀吉の家臣が、ただちに秀頼に臣従するとは限らなかったことを示している。

加藤清正　秀吉の典型的な譜代武将である加藤清正は、尾張国に生まれ、つねに秀吉に近侍して合戦の先駆《さきがけ》をつとめた。はじめ近江国長浜で一七〇石の知行を得、戦功によって累進し、天正十六年（一五八八）閏五月には、佐々成政改易のあとをうけて、肥後半国が与えられ、熊本に入部した。このときの領地の朱印高は一九万五千石であった。

入国の翌年、清正は独自の領国検地を実施した。前車の轍を踏むような強行策はとらず、国人衆の慰撫につとめながら荒地を開墾し、平百姓の耕作地を確認している。また、麦年貢を三分の二という高率で徴収したが、これはルソンへの輸出にあてるためであった。熱心な日蓮宗信者である清正は、キリシタン宣教師が仲介する南蛮貿易船を領内に入港させなかったが、長崎の貿易商人を間に立てることによって、舶来の武具を購入できた。清正は、朝鮮での虎退治など豪快な逸話の持主であるが、彼の書状などからは、芸がこまかく、細心で慎重な性格が読みとれるのである。

清正が朝鮮出兵の命令を受けたのは天正十九年（一五九一）八月であるが、すでに春から準備をすすめていたようで、大唐で二〇か国を拝領するのだと手放しに喜んでいる。渡海に備えて船を建造し、舟手を召し抱え、射撃の達人や鉄砲張りの職人なども雇い入れている。鉄砲・玉薬などの武具は領内で生産できないので、堺へ注文している。

清正は一万人の軍勢を率いて朝鮮へ渡海するが、国元の家老たちへ、丹念に書状を送っている。それらは、ときに数十か条にものぼるもので、領内の仕置についての指示から、麦相場の変動にまで気を配っているのである。現地で欠乏しているため、国元に求めている品物は、塩・味噌など生活必需品や武具類のほか、墨・風呂釜・具足・漆・油・紙・水桶・行水桶・屏風・蠟燭・燭台・提灯などである。防寒用の綿入布子や火縄用の木綿、舟に用いる青苧《あおそ》なども大量に必要としたようで、到着が遅れた場合は責任者を成敗するという厳命を下している。戦局の推移につれて物資の不足が深刻化するため、清正からの要求も一段と激しくなってきている。文禄二年（一五九三）正月の平安道（ピョンヤン付近）での敗戦により、補給路の確保が困難になったため、清正は領内の古船・新船をことごとく調査し、賃舟でもよいから釜山へ至急送るよう指示している。

兵粮米の催促も再三行なっており、自分のほうは充分間に合っていても、公儀の急用に役立てたいから、米を五〇〇〇石でも一万石でも、大豆（馬の飼料）を二〇〇〇石でも三〇〇〇石でも送ってほしいと述べている。これは、農民に対する収奪の強化につながるもので、畿内や長崎と結びつかざるをえない領国の経済構造は、いっそうそれを激化させたものと思われる。文禄五年（一五九六）五月には九か条の法度書を送り、留守中の領内支配についての指示を制札にし、重臣層の判形《はんぎょう》を添え、熊本や各郡の要所に立てさせている。

武断派と吏僚派　朝鮮出兵に異常な熱意を示し、みずから半島北端のオランカイまで進攻した清正は、対外膨張論を体現する武断派の中心人物とみなされている。しかし、一方では着実に領国経営を行なっていく指向性も強くもっていたのである。

清正と対蹠的な人物とされている小西行長は、キリシタン大名として海外にも通じ、朝鮮出兵には消極的であったが、宗氏とともに外交交渉にあたらせられ、結局は七〇〇〇人を率いて先陣を承るという破目に陥った。しかし、明の沈惟敬との和議交渉にあたり、秀吉の「表文」を偽作してまでも停戦させようと努力した吏僚派の人物として知られている。しかし、関ヶ原の戦後に処刑されたため、史料はほとんど残らず、清正と同時に肥後半国が与えられ、一四万六〇〇〇石で宇土に入部したのであるが、領国経営の内容は不明である。出自は堺の商人といわれ、南蛮貿易に関与していた事実は認められる。

行長の事蹟は江戸幕府によって抹殺され、「小西一行記」といった偽書が伝わるのみで、その人物像は大きく歪められたと思われる。清正も、嗣子の忠広が寛永九年（一六三二）五月に改易となったため、かなりの史料が散逸している。その積極的な対外出兵論の側面は、朝鮮通信使の来日した江戸時代には具合の悪い事実であったが、幕末期の尊王攘夷論や明治維新政府の国威発揚政策のなかで逆に増幅され、一つのイメージが作られたという点も考えに入れる必要があろう。

清正の体現している対外領土拡張論と、行長に代表される勘合貿易再開論は、全く正反対なものとみなされており、研究史のうえでも、いずれが朝鮮出兵の原因であるかといった二者択一の論議がなされていることも事実である。清正と行長は、朝鮮における戦略や戦術をめぐって対立することが多く、この関係が、関ヶ原の役にもちこまれたことは否定できないであろう。しかし、秀吉が朝鮮出兵を意図した天正一〇年代には、国内の征服による太閤検地の施行と、長崎を押さえて貿易独占体制を樹立しようとする指向とが重なり合って展開した。清正と行長の人物像も、意外に共通する面があるように思われるのである。

江戸時代の儒者や国学者は、徳川氏の治政を謳歌するため、秀吉が行なった朝鮮出兵を否定的に評価するのがほとんどであるが、そのなかで、水戸学の見解は異彩を放っている。それは、ほとんど手放しといってよいほどの出兵肯定論であり、少なくとも、家康を賛美するために秀吉を批判するといったパターンが見られないことが特徴的である。

水戸学の排外主義的尊王攘夷論が、清正の対外領土拡張論に結びつくことは当然であるが、他方では、本多利明の影響から、蝦夷地交易論を積極的にうけとめる態度もみられる。これは、行長の路線につながる日明貿易振興策に結びつく要素をもっている。小宮山楓軒は「韓陣文書」を編纂するにあたり、冒頭で清正など八人の武将名を記しているが、その五番目は行長である。他の論著でも、清正と行長を両極端の人物といった形では描いていない。

清正と行動を共にした大名の一人である佐賀の鍋島直茂は、朝鮮出兵を積極的に支持する理由として、自分領国の民衆が倭寇として中国に行き、なかには住みついて貿易にあたっている者もいるから、海外に所領が得られれば、その者たちも喜ぶであろうと述べている。領土拡張論は、貿易振興論に裏打ちされ、それと結びついて展開したのである。両者は決して矛盾するものではなく、まして、一方が軍事的で他方が平和的といった関係でもないことは当然であろう。

水戸学が朝鮮役を肯定的にとらえた論理のなかには、清正と行長という、一見して対蹠的人物が、本質的において共通する側面が強いことが組みこまれていた。しかし、両者の政治的立場の相違や、関ヶ原の戦いで明暗を分けたといった事情が強く印象づけられたため、この視点は近代史学に受け継がれることはなかった。清正は武断派・軍事派・強硬派といったグループに、行長は吏僚派・文治派・内政派といったグループに分けられ、あたかも両極端の傾向を代表する人物であるかのように認識されてしまっているのが実情である。もちろん、この分類が真実の一面を衝いていることは当然であり、だいたいの傾向として認めてもよいであろう。しかし、これまで見落とされてきた側面も少なくないように思われるのである。

外様の旧族大名

守護権の継承　応仁の乱に始まる戦国争乱の過程で、多くの守護大名は没落し、守護代や国人クラスの出自をもつ戦国大名が各地に出現した。彼らは、実力によって周囲の同輩者たちを倒し、第一人者に成長したのであるが、その間、かつての守護の系譜をひく大名が有していた伝統的な支配権を獲得しようと努力し、また、それの後継者を自称することによって、領国統一の武器としたのである。

豊臣政権と最後まで覇を争い、天正十八年（一五九〇）に滅亡した小田原の後北条氏は、伊勢新九郎長氏（早雲庵宗瑞）という謎の人物が、延徳《えんとく》三年（一四九一）に伊豆を攻略してからの一〇〇年間が活躍の場であった。天文《てんぶん》二十一年（一五五二）一月、北条氏康が関東管領の上杉憲政を越後に追放し、関八州の支配権を獲得し、弘治《こうじ》二年（一五五六）には領国検地に着手した。そして、永禄二年（一五五九）から、家臣に軍役・普請役や棟別銭などを賦課するための基本台帳とも言うべき「所領役帳」を作成し、領内の統一的把握につとめている。百姓に対しても、有事のさいに武装して参集すべきことや、逃散禁止を命じた法令を「国法」として発布している。また、領国支配の守護神として源頼朝以来の武家の崇敬を集めた鶴岡八幡宮の修造を行なうことによって、伝統的な国家意識を、検地によって新たに創出した支配体制のなかに注入し、イデオロギーの面からの補強につとめたのである。

北関東の常陸は、北条氏や上杉氏の勢力に押され、宇都宮・結城・伊達・相馬氏ら有力大名にも囲まれるなかで、多くの土豪層が競い合っていたが、守護の系譜をひく佐竹氏が勢力を伸長した。天正四年（一五七六）十一月、佐竹義重は信長の奏請によって従五位下・常陸介に叙任された。信長の死後は秀吉と連絡をとり、佐竹義宣は天正十八年（一五九〇）十二月、水戸城を政略して江戸氏を追放し、ほどなく従五位下・侍従に叙任され、羽柴姓も受けている。

佐竹氏が早くから織豊政権と結んだのは、江戸氏・大掾《だいじょう》氏といった土豪勢力や周辺諸大名との戦いのなかで、四方から領土を侵されかねない情勢下にあって、領国統一を果たし、一族や在地領主層の間に支配権を確立するための拠りどころを求めたためであり、北条・伊達氏らとの抗争も、それの意をうけて行なっている。秀吉の全国平定後は、天正十九年（一五九一）の奥州一揆の鎮圧や、その翌年から始まる朝鮮出兵に、大量の軍役動員を課せられたが、そのような圧力を背景に、不安定な領国体制の変革を強行し、統一政権下の一大名としての地位を確定していくのである。秀吉への従属を深めることが、領内で自己の権力を築く途でもあった。

伊達政宗　最後には秀吉の軍門に降るが、東北一の強大な旧族大名である伊達氏の場合、政宗の祖父にあたる稙宗が、天文五年（一五三六）に塵芥集を制定し、体系的な領国統治の法をもったが、それに先立って、大永《たいえい》二年（一五二二）に稙宗は、室町幕府から陸奥国守護職に補任されている。

これによって伊達氏は、段銭・棟別銭を分国内に賦課する権利を得、公権をテコとして領国体制の確立をはかったのである。国侍・国人衆など、かつて敵対した勢力を家臣にした場合、主従関係を根拠に動員を行なうには種々の困難がつきまとう。このような場合、律令以来の国家公権の系譜をひく軍事指揮権を発動し、国の役儀として課すならば、国人として守護の命令に従わざるをえないのである。もはや名目的な意味しかもちえない守護職も、主従関係の希薄な国人衆や、領内の職人・百姓などを動員するには、カードの切札のような存在だったと言えよう。

しかし、陸奥国は伊達氏のほか、津軽・南部・蘆名・相馬氏など群雄が割拠しており、一国としてのまとまりを欠いていた。いかに伊達氏といえども、守護職を根拠として他の戦国大名を服属させることは不可能だったのである。この場合の争乱は、互いに血で血を洗うような凄惨なものになり、敗者は絶滅するのが常である。守護職の置かれなかった出羽国も同様の事情にあった。この点、越後の上杉氏が、長尾氏以来の公権を掌握し、守護職を領国統一に巧みに利用したことと、きわめて対照的なように思われる。

東北の情勢は、政宗による周辺諸大名の制圧がすすむなかで、秀吉の天下統一を迎えた。すでに秀吉は、奥州平定を日程にのせて準備をすすめていたが、天正十八年（一五九〇）の北条氏滅亡の直前に、政宗は小田原に赴いて秀吉に謁見し、臣従の礼をとった。これによって政宗は、前年に蘆名氏から奪った会津の地は没収されたが、旧領の出羽国米沢は辛うじて安堵され、近世大名として生きのびる途が開けたのである。

秀吉は政宗に奥羽の仕置を命じ、みずからも会津へ駒をすすめた。この地へは伊勢より蒲生氏郷を入れ、大崎・葛西氏らは所領を没収され、木村吉清父子に与えられた。また、最上・秋田・相馬氏らの旧族大名は所領を安堵された。

検地については、会津領は秀次、白河付近は宇喜多秀家、出羽は木村常陸介と大谷吉隆というように、担当者が決められたが、検地条目は秀吉が発布した。一反が三〇〇歩という点は他の地域と変わらないが、貫高表示で、畠の石盛は田の半分以下と、極端に低くなっている。征服地で土豪勢力の不満が強く、検地反対一揆もおこりかねない事情を考慮して、秀吉は土地制度の慣習を認める形で実施をはかったものと思われる。翌年、御前帳《ごぜんちょう》作成のため奥羽地方も石高で表示する必要が生じたが、そのさいの検地条目は秀次から発布されている。

天正二十年（一五九二）の朝鮮出兵には、秀吉から命じられた軍役人数は一五〇〇人であったが、倍にあたる三〇〇〇人をもって肥前の名護屋に参陣している。このような形で政宗は、秀吉の指示を上廻る形での奉公ぶりを「嗜《たしなみ》」として示さなければならなかった。

初期の御家騒動　戦国大名から転化した大名の多くは、権力を確立する過程で帰服した小領主層を抱え、親族や一族の力も強く、それらを抑えるのに苦慮していた。伊達氏の場合、棟別銭・段銭を賦課される直臣の地頭層のほか、これらが免除される亘理《わたり》・白石らの重臣があり、その周辺に、留守・田村など「伊達馬打」と呼ばれる与力を擁していた。与力は、伊達氏とは主従関係をもたないが、軍事上の指揮関係にあり、兵馬の権は政宗が握っていたのである（小林清治氏『伊達政宗』、吉川弘文館）。

政宗は、家臣団の中枢を、一門・一家・準一家・一族という格式を設けて固めようとした。一門は親類衆や服属した大名格の領主、譜代の重臣たちで、伊達姓を名乗ることが許されていた。一家は遠い姻戚関係者や譜代の家臣、準一家は政宗が召し抱えた土豪領主層である。一族も譜代家臣や政宗に登用された者である。このような制度化は、血縁・擬血縁関係をもって主従関係を補強するもので、戦国大名から転化した伊達氏の特質を示している。ほかに宿老・着坐・太刀上・召出などのクラスもあった。一門は役職に就かなかったが、一家以下は奉行その他の職につき、番を結んで仙台城に詰めていた。

このように強力な一門・一家を抱えた伊達氏の内部構造は複雑で、重臣間の対立が、しばしば深刻な問題をひきおこした。いわゆる「伊達騒動」はその好例である。

万治三年（一六六〇）政宗の孫にあたる綱宗は、幕府から江戸城小石川堀の浚渫工事を命ぜられた。外様の大藩は、しばしばこのような課役によって、多大の負担を強いられたのであるが、このおり、叔父の伊達兵部宗勝は、近縁の立花忠茂とともに、綱宗が病弱であることを理由に隠居させ、わずか二歳の亀千代（のち綱村と改名）に跡を継がせることを願い出た。幕府はこれを容れ、所行紊乱のかどで綱宗に閉門を命じた。宗勝は亀千代の後見として、家老の原田甲斐と結んで実権を握ったが、反対派の伊達安芸らは、逆に宗勝の悪政を幕府に訴えた。寛文十一年（一六七一）に幕府は宗勝らを処断したが、綱村は幼少であったことを理由に所領を安堵された。

伊達家の正史や歌舞伎・浄瑠璃などでは、この事件を奸臣・原田甲斐が仕組んだ陰謀としているが、幕府が伊達家を取り潰そうとする企てを、原田が身をもって阻止したという説も古くからあった。山本周五郎『樅《もみ》の木は残った』は、後者の立場から伊達騒動の顚末を描いた作品である。

このような事件は、近世初期に多く発生している。継嗣問題にからんで一族や重臣層が分裂し、それぞれが幕閣の実力者に働きかけて、自派に有利に導こうとするのがパターンであるから、藩内での処理は当初から不可能であった。寛永十七年（一六四〇）の生駒騒動や、天和元年（一六八一）に将軍綱吉の親裁で決着した越後騒動がその例にあたる。

外様大名の多くが、藩体制を確立する過程で、家中の掌握に苦慮したのであるが、逆に、譜代の家臣を全くもたず、新規の召し抱えによって家臣団を構成した親藩の場合、幕府権力を背景に、藩主を中心とする強固な族縁組織によって統制がはかられている。たとえば水戸藩の場合、二代光圀の襲封直後に作成された「寛文分限帳」では、光圀の弟・甥・養嗣子らが家老職の中枢を占めている。家康の意志によって作られた親藩の場合、対幕府関係での緊張状態はほとんど存在しなかったが、個々の家臣は、つねに藩主から強い規制をうけており、その基盤は脆弱であった。中途で絶家となる者が意外に多く、重臣層たりとも例外ではなかったのである。

秀次の側近武将

近江衆の形成　豊臣政権の内部にあって、聚楽を中心に相対的に独自の権力基盤をつくり、国家公権を体現する存在であった秀次が、関白としての権能にもとづいて形成したものを、仮に「秀次政権」と呼ぶならば、これを支えたものは、彼に近侍して成長した近江衆と総称される近江出身の武将たちであった。

秀次は、天正十三年（一五八五）閏八月に秀吉から近江で四三万石を宛がわれ、翌年、八幡山に築城した。このとき城下に発した一三か条の掟書は、天正五年（一五七七）に信長が安土に出した法令を踏襲したもので、ここを楽市と定め、諸座・諸役・諸公事を免除した。また、在々所々の市場商人を誘致し、琵琶湖と結ぶ水路を掘削して舟運の便をはかるなど、積極的な町づくりを行なっている。多賀神社をはじめ領国内の寺社へも法度《はっと》を下し、自己の支配下に入れようとした。

天正十八年（一五九〇）七月、秀吉は小田原の後北条氏を滅ぼし、その領国である関八州を家康の支配に任せた。家康領である三河・遠江・駿河・甲斐・信濃の五か国は、織田信雄に与えられることになったが、信雄は転封を拒み、あくまで故地にとどまることを望んだため改易となった。この結果、信雄の旧領である尾張と北伊勢五郡は秀次に与えられ、織田政権発祥の地は、豊臣一族が支配するところとなったのである。

秀次は清州城に入ったが、家康の旧領五か国には、多くの秀次家臣が登用されている。岡崎に田中吉政、吉田（豊橋）に池田輝政、浜松に堀尾吉晴、掛川に山内一豊、駿府（静岡）に中村一氏など、近江衆の面々が東海道筋を固める結果となった。とくに三河・遠江・駿河の三か国は秀次にとって「与力の国」であり、その一部には秀次の蔵入地も置かれた。秀次が築いた八幡山城には京極高次が入部し、近江の野洲郡・蒲生郡など九万石は家康領となったのである。

秀次は尾張において、多数の家臣に知行を与え、家臣団構成を質的に高めており、伊勢や近江の蔵入地にも代官を置き、腹心の武将をあてている。朝鮮役に際しては、秀吉から渡海準備の指示をうけ、三万四〇〇〇人余の家中で独自の軍事編成を行ない、軍法も定めているが、出動にはいたらなかった。

『武家事紀』によれば、秀次は畿内・東海の軍勢一〇万人を指揮し、主として京都の警固にあたっていた。

田中吉政　この時期の武将のなかには、必ずしも有名とは言えないが、重要な局面で着実な働きぶりをみせる人物が多い。その一人として、田中兵部大輔吉政を挙げることができよう。

田中吉政は、『寛政重修諸家譜』によれば、はじめ宮部継潤の家臣であったが、継潤が一時的に秀次を養子としたことから、秀次に仕えることになったという。近江で寺社に所領寄進を行なった史料もある。

秀次が尾張に移封されたとき、吉政は岡崎城主として、これを助けている。尾張の地は織田一族が古くから支配していたから、信雄は当然にも自分に安堵されるものと信じており、国替えの噂がひろがっても、極力それを打ち消すような態度をとっていた。それが、秀吉の転封命令に従わず所領召し上げとなり、身柄は下野国那須に追放され、佐竹氏に預けられる結果となったのである。信雄は出家して常真《じょうしん》と号し、やがて許されて秀吉に再出仕するが、もはや何十万石を支配する国持大名としてではなく、一万七〇〇〇石の捨扶持を支給される御咄衆《おはなししゅう》という屈辱的な地位であった。

このようなおりに尾張の知行主となった秀次は、奥州在陣中であったため、その間に領国内が動揺することを気づかって、吉政を通じて、織田氏にゆかりの深い寺社や在地武士に、所領を与えることを通知している。甚目寺・津島神社・密蔵院や熱田神社の社人、坂井利貞らの武将に対して、秀次の入部次第、正式の朱印状が発給されることを述べたものである。秀吉も、これとは別途に清洲の上端(畠)神明社に寄進しているが、吉政が取り次ぐ形をとっている。もちろん、尾張の領主は秀次であるから、その自由意志で知行宛行状や寺社領寄進状を発給できるのであるが、入部する以前だったので、吉政がこれを代行するという関係にあった。また吉政は、鉄屋の水野太郎左衛門に対して、秀吉の求めによる釜の製造を指示する書状を出している。

朝鮮役のさいの秀次家中「人数備《にんじゅそなえ》」では、吉政は第四番で一五〇〇人を率いて出陣することになっており、文禄三年(一五九四)には、秀次の家臣である徳永寿昌・吉田勝親・原長頼とともに、尾張堤普請の惣奉行をつとめ、秀吉の機嫌を損じないよう工事の進捗をはかっている。しかも、翌年の秀次事件には連座することなく、かえって秀吉から加増を受けたのである。

慶長五年(一六〇〇)の関ヶ原の役では東軍に属し、佐和山城の攻略に参加した。近江の郷村に対して、石田三成・宇喜多秀家・島津義弘の三名を捕らえた者には、年貢を永久に免除し、殺した場合には金子一〇〇枚の褒美を与えるという家康の指示を伝えている。その戦功によって抜擢され、筑後柳川城主三二万五〇〇〇石となった。秀次・秀吉・家康と転任しながら、吉政は激動の波をくぐりぬけたのである。

国家公権と主従制　愛児鶴松の突然の死で悲嘆にくれていた秀吉は、東福寺や清水寺に籠って冥福を祈り、有馬の湯で心の傷を癒しながら将来のプランを考えたのであるが、そのときは、家督を秀次に譲り、尾張を織田秀信（信長の孫、三法師）に与え、美濃には田中吉政を配するつもりであった。この計画が実現されれば、秀次は関白職だけでなく、全大名を知行関係で包括する形で主従制の頂点に立ったはずである。そして、尾張の一個別領主から、全領土・領民を支配する封建的土地所有者となり、その側面から、国家公権の体現者として、豊臣政権の二代目の座についたであろう。秀吉は、おそらく「大御所」的な地位から睨みをきかしたであろうが、たとえ名目的にせよ、全武士階級を統率する権限は秀次が握ったと思われる。

しかしながら、秀吉は関白職は秀次に譲ったものの、封建的ヒエラルヒーにもとづいた主従制的支配権は手放さなかった。その意味では、厳密に言えば、秀吉は官職を辞退しただけで、家督は譲っていなかったのである。秀次は、関白に任官しながら、尾張一国の個別領主としての立場は、そのまま続いていたのである。

秀次が尾張の大名でもあるということは、秀吉との間に主従関係が生じていることを意味している。他の大名と同じく、秀吉に臣従することになるが、正式の知行宛行状は出されていないから、秀吉を頂点とする封建的な知行体系に包摂されきってはいない。その意味から、唯一例外的な存在であった。

秀次は、朝鮮役のさいには秀吉の命をうけ、一定の軍役奉仕を行なっている。しかし、動員された秀次家中の面々は、かつての近江衆であっても、いまは東海地方に万石以上の所領をもつ大名格である。もちろん彼らと秀次との間に知行授受の関係はないから、秀次は彼らを与力として、軍事指揮権を掌握したにすぎないのである。

もちろん、軍役は主従関係の形態をとって発動されても、内容は国家に対する役儀の性格を帯びているのであるから、秀次のような軍事編成でも不都合は生じない。しかし、他のすべての大名は、自己の領国内で軍役人数や武具兵粮などを用意するのであり、それは、秀吉から与えられた領地の知行高に規定されているのである。秀吉が朝鮮出兵を命じたとき、用意すべき軍役人数は、たとえば九州大名は知行高一〇〇石に対して五人というものであった。肥前日野江城主の有馬晴信は、四万石の知行高であるから、用意すべき軍役人数は二〇〇〇人である。秀次だけは、領国である尾張以外で軍事編成を行なっているから、石高制を原則とした知行体系の面では、やはり異例と言わざるをえない。

秀吉が全面的に家督を秀次に譲らなかった理由はわからない。関白を譲るにあたって、秀吉は秀次に、武篇道を守り、平素から長陣の心掛けをもち、法度は厳正に適用し、身内の者へも手心を加えることなく、内裏への奉公を充分に行なうことを命じている。茶の湯・鷹狩・女狂いなどでは、自分の真似をするなと諭しているところは、本心の現われというべきであろう。秀次の性格が残忍であったことは事実のようで、宣教師ルイス・フロイスさえ、秀次に謀叛の企てがあるという風聞を伝えている。豊臣政権を維持するには世襲体制をとらねばならぬという焦りと、秀次についての人物評価とのジレンマが、太閤と関白との人格的分離という体制を秀吉に選ばせたとも考えられよう。

秀頼出生という予想外の事態は、この体制の破局を早めたが、国家公権と主従制原理との関係は、機能分化という形で処理することには無理があったから、破局は時間の問題にすぎなかったとも思われる。豊臣政権が滅亡する真因は、このあたりに潜んでいるのではないだろうか。

秀頼の側近武将

伏見城と大坂城　秀吉は秀次に関白職を譲ろうと決意したとき、京都伏見に隠居所を建てることを考えていた。『多聞院日記』によれば、地割は非常に大規模なもので、すでに天正二十年（一五九二）九月には工事が開始された模様である。

秀頼の出生とともに伏見築城は急ピッチですすめられた。文禄二年（一五九三）九月には、関東にいる家康に対しても、一万石につき二四人の夫役が課せられている。秀吉は全国の大名に、朱印高に応じて普請役を果たすよう命じており、翌年春には、城の総構《そうがまえ》（外郭の城壁や堀）工事が大々的に行なわれた。

秀次事件ののち聚楽第は破却され、伏見城が公儀権力のシンボルとして秀吉の居城となった。秀吉は配下の武将に対し、その妻子を伏見に居住させることを指示し、妻子をもたない者は、母親などを人質として出すよう求めている。秀吉の外交顧問として活躍した相国寺の住持・西笑承兌《さいしょうしょうたい》も、ここに豊光寺を建立した。伏見城は政治・外交上の中心地であり、明の講和使節との謁見などもこの城で行なわれている。文禄五年（一五九六）閏七月の地震で大破したので、同年九月の正使との引見は大坂城に変更されたが、このとき明皇帝の勅書を朗読したのは承兌であった。「爾《なんじ》を封《ほう》じて日本国王とし」という言葉に激怒した秀吉が、ただちに朝鮮再征を命じたことは有名である。

秀頼は大坂城に生まれ、母の淀君とともに在城していたが、まもなく伏見城に移った。しかし秀吉の死後、遺命により再び大坂城に戻ったが、わずか六歳の幼少であった。それでも秀吉の世嗣として、前田利家を後見とし、恩顧の大名たちに守られながら、やがては豊臣政権を継承すべき地位にあることが予定されているかにみえた。しかし、秀吉の権力は、徳川家康・前田利家・毛利輝元・宇喜多秀家・小早川隆景（のちに上杉景勝）をメンバーとする五大老に受け継がれたことは言うまでもない。

慶長三年（一五九八）八月五日、秀吉は五大老に対し、くれぐれも秀頼の事を頼むという遺言を残すが、その五日後に意識不明におちいると、五大老は秀吉朱印状の効力停止を宣言した。それ以後は、五大老連署による知行宛行状などが発給され、秀吉の遺命に従う形をとりながら、実際は独自の判断で政務が処理されたのである。もちろん、五大老相互には対立関係をはらんでおり、やがて家康の意志が強く表われるのであるが、それでも、公儀権力を正当に引き継ぐという立場には変わりはなかった。

五奉行は石田三成・前田玄以・浅野長政・増田長盛・長束正家で構成されたが、その筆頭である三成は、かねてから家康と反目しており、遺児秀頼を擁立して権力の奪回を狙っていた。公儀権力の内部には二つの潮流があった。三成は諸大名に、家康が秀吉の置目《おきめ》に背いて、勝手に婚姻関係を結んでいることなどを挙げ、秀吉亡きあとの主君は秀頼であることを説いて決起を促した。しかし、秀頼は主従関係によって諸大名を統率すべき地位にいないことは当然で、むしろ諸大名は、公儀権力の掌握者としての家康に従わざるをえない立場にあった。家康自身も豊臣政権の後継者をもって任じていたのである。両者の対決は、慶長五年（一六〇〇）九月の関ヶ原の戦いで決着がつけられるが、この戦いが、二か月まえに三成側が、家康側の留守居が守備している〝公儀の城〟である伏見城を攻撃したことに始まることは、決して偶発的なものではないように思われる。

片桐且元　関ヶ原の戦いで三成側は敗北したが、秀頼はその後も大坂城にあって、公儀権力に支えられた存在であった。実体としては摂津・河内・和泉の六〇万石余を領有する一大名にすぎないが、もちろん家康と主従関係を結んだわけではない。しかし、慶長八年（一六〇三）に家康が征夷大将軍に任ぜられて江戸に幕府を開き、三年後に将軍職が秀忠に譲られるにおよんで、秀頼の立場は非常に苦しいものとなった。このような時期に、幕府方と大坂方との間に立って特異な動きをみせた武将に片桐且元がいる。

且元は近江に生まれ、天正十一年（一五八三）の賤ヶ岳の合戦の功によって三〇〇〇石の知行が与えられ、従五位下・東市正《ひがしいちのかみ》に任ぜられた。しかし且元は、二〇代の若さで公卿に列し、豊臣姓をうけ一門に列したにもかかわらず、そののち禄高はほとんど増えず、文禄四年（一五九五）八月の秀次事件の直後、さきの賤ヶ岳の戦いの追賞という名目で、ようやく一万石に達したのである。この点、且元とおなじく「賤ヶ岳の七本槍」として名をあげた加藤清正が、肥後熊本の大名に封ぜられたのと好対照で、且元は一貫して奉行人のコースを歩んだのである。朝鮮出兵に際しては、且元は弟の貞隆とともに、二〇〇人ずつを率いて、壱岐在陣の羽柴秀勝・細川忠興《ただおき》らのグループに属している。

これより先、天正十四年（一五八六）に秀吉は、京都東山に方広寺大仏殿の建立を開始したが、且元は奉行として活躍した。この大仏殿は、奈良の東大寺大仏殿に代わって国家鎮護を祈願するためのもので、統治権を掌握した秀吉の強い意志を読みとることができよう。普請工事には全国の大名を動員できることはもちろん、一般民衆や寺社から費用を徴収することも可能であった。百姓から没収した武具を造営の用途にあてるという名目で、秀吉は天正十六年（一五八八）に刀狩令を発したのである。

秀頼が秀吉の遺志をついで、文禄五年（＝慶長元年、一五九六）の畿内地震で倒壊した大仏殿の再建をはかったさい、且元もこれに関与していた。家康は将軍職に就く以前から、且元を通じて、大坂方に大仏殿修造を働きかけていたが、莫大な財政的負担を強いる下心があったことは言うまでもない。慶長十四年（一六〇九）春に始まった工事には、秀吉が軍用金として蓄えた千枚吹の黄金分銅を改鋳し、日向・土佐・備中その他の国々から材木を求めた。鋳物師など職人集団も動員されている。

しかし、この再建工事は、もはや国家的事業ではなく、幕府の監視下で行なわれた豊臣家の私的な営みにすぎなかった。幕府が財政援助を全くしなかったことはもちろんである。西国・北国大名などから合力を得ることをはじめ、些細な点にいたるまで、且元を通じて幕府の了解を求めてすすめられた。

慶長十九年（一六一四）七月、大仏殿の開眼供養についての勅許を得、家康も日程や式次第に同意を与えた。しかし家康は、鐘銘や棟札を勝手に作ったとして、式の延期を突然に命じ、さらに「国家安康、君臣豊楽」という字句にも難癖をつけた。且元は善後策を協議するため駿府へ赴いたが、家康と会見できず、かえって大坂の国替えや秀頼の参勤、淀君の人質といった幕府側の強硬な姿勢を伝える結果となった。大坂方は激怒して且元の誅殺をはかったが、且元は摂津茨木城へ退去するのである。

幕府の国奉行　慶長二十年（一六一五）五月の大坂夏の陣で、秀頼は淀君とともに大坂城中で自殺した。この豊臣家滅亡にいたる過程でみせた且元の態度には、不可解な部分が多く、これまで種々の解釈が試みられてきた。彼の人間的苦悩を描いた坪内逍遙の戯曲「桐一葉」は、一八九四年（明治二七）に作られ、一九〇六年（明治三九）の文芸協会第一回演劇部大会で上演された。豊臣・徳川両家の板挟みのなかで、死ぬことも生きることもできない且元の心情には、人々の共感が寄せられたのである。

しかし且元は、秀頼の家臣というよりは、江戸幕府の国奉行として、摂津・河内・和泉の三か国を管轄すべき立場にあり、秀頼の所領にも行政的支配をおよぼす権限をもっていたという事実が、高木昭作氏によって明らかにされた（「歴史学研究」一九七六年度大会特集号）。つまり、大坂方の人間と考えられていた且元は、実際は幕府と深く結びついていたのである。

国奉行とは、江戸時代初期に置かれた幕府の職制で、主として畿内・近国を対象に、直轄領（天領）・大名領・旗本領・寺社領などといった領有関係にかかわりなく、一国を単位として、幕府法令の伝達や普請夫役の動員などを行なうことを任務としている。たとえば美濃国では、木曾・長良・揖斐の三川の治水工事を円滑にすすめるため、岡田将監が国奉行に任ぜられた。ここに所領をもつ旗本で交代寄合の格式を有する高木氏らを指揮して、実際にどのような役割を果したかということが、西田真樹氏によって分析されている（同右）。

豊臣政権下でも、これと同じ性格のものが認められる。天正十二年（一五八四）に秀吉は、柴田勝家に味方した佐々成政の帰服を許して越中国を安堵したさい、隣国である飛驒の取次ぎを彼に仰せつけており、天正十四年（一五八六）には、島津氏との戦いで不覚をとった仙石秀久の所領である讃岐国を没収し、尾藤知定をその国の奉行に任命している。国郡制による支配の枠組は、このような形で実際に機能したのである。

且元は、豊臣政権下の奉行人から江戸幕府の国奉行に転進した。このことは、日本人の伝統的心情からみれば奇異に感じられ、秀吉の恩を裏切り、主家を見放したように映るかもしれない。しかし、秀吉死後の豊臣政権は、家康を筆頭とする五大老によって継承されており、且元はその忠実な奉行の一人だったのである。関ヶ原の戦いの直後、且元は小出秀政・大久保長安・彦坂元正らとともに、家康が発給すべき知行宛行状の取次ぎを行なっているが、且元の立場は、前項でみた田中吉政が、関白秀次の朱印状を取り次いだのと同様であった。家康が将軍宣下をうけ、公儀そのものが徳川氏に握られていくにつれ、且元が幕府の奉行人になっていくことは、自然の成りゆきとみなければならない。秀吉の家臣が、主君の死後ただちに、遺児の秀頼の家臣となるようなケースは、むしろ異例とみるべきであろう。秀頼は早くから、秀吉によって付属させられた重臣層を中心に、独自の家臣団を構成していた。当時における主従関係のあり方からみれば、且元の描いた軌跡のほうが、理にかなっていたのである。且元は秀頼に近侍し、秀頼が発給する黒印状に添状をつけるほどの武将であった。しかし、主従関係とは異質な国奉行という立場で、幕府の指揮下にもあった特異な存在と言えよう。

4　民衆から見た時代の様相

濃尾平野の百姓

兵農分離の進展　中世の百姓は、法的には武具をもつことを禁止されてはおらず、領主に年貢・所当を納入すれば、他の土地に移動することも可能であった。上層の名主《みょうしゅ》百姓は侍衆《さむらいしゅう》となって、荘園の代官などに登用され、年貢・公事を小百姓から徴収する役にあたり、みずからも小百姓から、加地《かじ》子《し》を得分として取り立てていた。農村にあって直接生産に携わっていた小百姓は、荘園領主に対しては年貢・公事を、名主百姓に対しては加地子を支払わねばならず、二重の圧力下にあったと言えよう。このように、一つの土地に対して複数の権利関係が錯綜し、それぞれが得分権となって、領主職《しき》・名主職・百姓職などと呼ばれる状態は、農民層内部における支配・隷属関係を反映するものであった。これは一般に「職《しき》の体系」と呼ばれている。

名主百姓の一部は、仕官して武士身分を獲得したり、商人や職人に転じて土地を離れる者もいたが、多くの者は在地にあって、農業に従事した。下人《げにん》・名子《なご》・被官《ひかん》など、前代では家内奴隷的な地位にあった者も、みずから耕作する土地を確保し、徐々にではあるが小経営者として自立の途を歩みはじめた。また、侍身分の者が本家を離れ、だれとも主従関係を結ばないまま農業経営者となる者もあった。彼らはいずれも、やがて百姓身分に統一され、武士身分の者と截然と区別されるようになる。このような社会体制の進化の現象を兵農分離という。

近世封建社会の生産力的基礎は小農民経営にある。それは、一般に一町歩以下の耕地を保有し、原則として単婚小家族の家内労働力を投下することによって農耕を行ない、鎌や鍬など人力の農具をもってする経営とされている。このような小経営が、いかなる過程を経て成立したかについては、地域的偏差の問題を伴うので一概に論ずることはできないが、秀吉が行なった太閤検地が、全国的にこの体制をおしひろめる契機となったことは確認できよう。

秀吉は天正十年（一五八二）山崎の合戦で明智光秀を破ると、すぐに山城の寺社から指出《さしだし》を徴収した。この場合には、土地への棹入れは行なっていないが、一般には奉行人を派遣して検地を実施し、現実の権利関係を明確にしたうえで石盛《こくもり》をつけ、百姓ごとの持高《もちだか》を確定した。一つの土地に耕作者は一人とし、その者に年貢納入の義務を負わせ、耕作権が他人に奪われないよう保護を与えた。また、中世の土豪・地侍の系譜をひく長百姓《おとな》（名主百姓）が小百姓を恣意的に使役したり、生産物を中間搾取することがないよう、法令で禁止するとともに、小百姓が生活を営むのに必要な最小限の糧を除き、他のすべての生産物を年貢として徴収したのである。

津島神社の太閤検地帳　検地の結果として作成される検地帳は、通常は村を単位とし、土地の一筆ごとに地字名、田畠の別、上中下など土地の等級、面積、石高表示の見積り収穫量などと、耕作百姓名が記されている。表紙には施行年月や検地奉行名などが書いてあるのが一般的である。六尺三寸を一間、三〇歩を一畝、三〇〇歩を一反とする原則は、太閤検地によって確立したもので、長さの基準を具体的に示した検地尺も残されている。

津島神社に「天正廿年四月、尾張国海東郡内津嶋北郷御検地帳」が保存され、『津島市史』資料編に収められている。表紙に「給人神主」、表紙裏に「天正廿年御検地之物成帳」とあり、さらに「上ノ田、壱反ニ付て壱石五斗代、但定物成、壱石五升也」と記されている。したがって、これは通常の検地帳とは異なって、神主が自己の所領から年貢を徴収するさいに用いた物成《ものなり》帳の性格をもつ帳簿とみられる。

上田《じょうでん》一反の石盛が一石五斗で物成（年貢）高が一石五升であることは、年貢率が七割に定められていることを意味する。この割合をもとに物成高から逆算すると、中田《ちゅうでん》は一石三斗、下田《げでん》は一石一斗、上畠《じょうはた》は一石二斗となる。中畠・下畠の記載はないが、挙げられた数値は、天正十七年（一五八九）の美濃国検地条目や、文禄三年（一五九四）の畿内・近国の検地条目と一致している。したがって、この尾張検地は、通常の太閤検地の施行原則にもとづいていたことが確認されよう。

この帳簿には、米之座の藤五郎、さかくちの市蔵、北口の五郎右衛門などの百姓の名前がみられ、一筆ごとに面積と田畠の等級、さらに石高の七割に相当する物成高が記されている。これら百姓は、古くから津島に住み、神領や社家の所領を耕作して年貢を納入していたが、太閤検地によって一地一作人の原則が定まり、中間に介在した者はすべて払拭され、領主と農民との一元化した収納関係が確立するのである。一般の村方ならば知行主は武士であるが、ここでは津島社の神主が給人《きゅうにん》になっている。

尾張はその後、慶長十三年（一六〇八）に家康の第九子の徳川義直が封ぜられ、親藩の筆頭格としての尾張藩が成立した。それと同時に、領内の総検地が伊奈忠次らによって行なわれ、太閤検地の石高を大幅に上廻る打出《うちだし》がみられた。さらに正保元年（一六四四）の概高《ならしだか》制の施行により、いわば架空の石高を基準にして給人の知行割替が行なわれたため、太閤検地などで定められた石高は意味をもたなくなった。検地帳など土地関係の証拠となるものは藩が回収したらしく、現存するものはきわめて少ない。畿内や近江など、かなり後まで太閤検地の石高が実質的意味をもっている地域では、収納体制の根拠となる検地帳が保存されていることが多いが、この点、尾張の史料がほとんど残らなかったことと好対照と言えよう。

石高制下の年貢　この時期の百姓は、収穫物の三分の二を年貢として徴収され、手許には三分の一が残るという「二公一民制」であったと言われているが、このような理解は正確ではない。

石高制下における年貢は、村を単位として課せられるが、個々の百姓は、検地によって定められた持高に、給人が決めた免率（年貢率）を乗じた値を納入することになる。たとえば、ある年の免率が六割であったとすれば、六石の高持百姓ならば、年貢として三石六斗を徴収されることになる。

年貢免率を決定する権利は給人が握っていた。給人は秋に収穫の具合を見計らって、その年の免率を決めて村ごとに通告する。しかし、百姓が予期していたものを大幅に上廻り、納得できない場合もある。百姓は、風水害・旱損《かんそん》・虫害などを理由に、収穫が思わしくないことを述べ、給人に免率の引き下げを求めたであろう。このような年貢納入をめぐる紛争が、個々の給人では解決できないような事態もおこりうる。これを放置しておけば、年貢納入は行なわれず、給人は譲歩・後退を余儀なくされ、全領主階級の危機に連なるような事態も招くであろう。秀吉は、このような場合には、全収穫物を三等分し、くじ取りで給人側が二つ、百姓側が一つ取るようにせよという法令を発している。だから、平穏裡に年貢を徴収できる給人は、全くの自由裁量で免率を決めてよいというのが法令の趣旨で、免率を三分の二に固定する意図は全くないのである。

給人が検見《けみ》を行なって定めた免率に、百姓が自然災害を理由にして免率の引き下げを求める過程は、石高制下における百姓が、日常的にとりうる、ぎりぎりの行動形態であり、みずからを解放するための抵抗にほかならない。一揆・逃散など顕在化した直接行動も、このような日常闘争との関連で考察しなければ、非歴史的な理解におちいるであろう。年貢免率の引き下げを求める小農民の抵抗は、やがて江戸時代に入って定免《じようめん》制を成立させ、生産力の上昇による成果を手許に残すことを可能にしたのである。それが、次の時代への転換を準備する要因となったことは言うまでもない。

年貢収納は京枡で行ない、双方が納得したとき、手を一つ打つことになっていた。それ以後は、免率の高下などについて、双方とも文句をつけないという暗黙の了解があったと思われる。商取引きなどのさいの「手打ち」を連想させる。物の売買では、ほんらい定価などはなく、双方が折り合った価格で取引きが成立する。年貢免率の決定は、給人側が圧倒的な武力を背景に、百姓側に押しつけてくるので、対等な私人間の取引きのようなわけにはいかないが、生活の論理に根ざした百姓の免率引下げの嘆願行動のなかに、領主―農民間の厳しい階級関係を読みとらねばならないであろう。

この時期の年貢は「二公一民」であったと一般に理解されているようであるが、これは年貢の損免出入という形で行なわれる小農民の日常闘争（年貢減免の嘆願行為）に、領主側が対処するために設けた規定である。つねに収穫高の三分の二を年貢として徴収するためのものではないことに注意する必要があると思われる。

九州山村の名子

複合的大経営の解体　太閤検地の施行によって、一地一作人の原則が確立し、直接生産者が本百姓として検地帳に登録されたのであるが、一部の地域では、検地帳に名前が記されない「帳外れ」の農民が、直接に耕作にあたる場合があった。中世末期における農民の多様な存在形態が、経済発展における地域差と結びついて、農民の内部に種々の階層を生じさせたのである。

下人・名子・被官などと呼ばれる従属農民は、本百姓のように自分の農具を所有できず、主人の屋敷地内に作られた小屋に住み、その下で労働に従事しながら食事などの給養をうけるという、経済的にも自立度の低い存在であった。土地・農具・種子・牛馬など、すべてが主人のものであり、事実上は家族を形成していても、売買・譲渡・相続・質入れの対象となるような奴隷的存在であった。彼らの多くは、譜代として永年にわたって主人に召し抱えられていたが、借金のカタとして下人になるような場合もあった。

信州伊那地方における御館《おやかた》被官《ひかん》制度も、その一例であろう。御館と呼ばれる土豪百姓は、武士の系譜をひき、多数の被官百姓を、広大な土地に結びつけて所有していた。被官は御館の土地を耕作するほか、年頭・歳暮・節句などの儀礼に勤仕し、種々の名目による役儀を負担した。両者の繋がりは、武士身分の者の主従関係にも似た性格だったと言えよう。

名子・被官・下人のなかには、事実上の小経営になっている例もみられる。名目上は主人の土地であっても、実際には自己のものと変わりはなく、身分的隷属関係も希薄な場合もある。しかし、彼らが保有する土地は概して劣悪で、生産力的基礎が弱く、風水害や冷害をうければ、たちまち破綻し、主人の庇護の下に入らざるをえなかった。種籾の貸与や飢饉のさいに夫食《ぶじき》の援助をうけることで、身分上の解放は困難な条件にあったと言えよう。

しかし、このような複合的大経営も、戦国期から近世初頭にかけて、解体する過程をたどっていた。大経営の内部に、事実上の小経営が成立しており、夫婦を基礎に、その直系家族を含めた単婚小家族が経営の主体となろうとしていたのである。大経営と小経営では、一般的にみれば、後者が生産力的に有利な立場にあったとされている。それは粗放経営と集約経営との差の問題に帰着するが、広大な畠地を家畜に犂《すき》を引かせて耕作するヨーロッパと異なり、水田稲作を主体とするわが国では、限られた土地に多くの肥料と労働力を投入することで収益の増加をはかることが必要であった。その点、鍬《くわ》は他の農具よりも深く耕すことが可能で、当時でも比較的安い値段で入手できたのである。小農民経営が発展する条件は、すでに整えられていたと思われる。

肥後藩人畜改帳　東北や九州地方の一部では、畿内や濃尾地方と違って、小農経営の展開が遅れ、土豪的大経営が支配的であった。これを、やや時期が下るが、寛永期の史料からみてゆきたい。

三代将軍家光によって肥後に封ぜられた細川忠利は、入国後まもない寛永十年（一六三三）に、領内いっせいに「人畜家屋敷改帳《あらためちょう》」の作成を命じた。この史料は合志郡と玉名郡の一部が熊本県立図書館に残っており、「肥後藩人畜改帳」と題して『大日本近世史料』に収録されている。

合志郡竹迫町の帳簿によれば、筆頭の庄屋八郎左衛門尉は、三一石三斗四升の高持百姓であるが、女房と息子・娘が二人ずつ、息子の嫁一人のほか、名子三人、名子の女房と娘五人・下人三人・下女一人、うば二人の計二一人という大家族である。ほかに二頭の牛、三頭の馬をもち、八畝と三畝の屋敷に座敷・馬屋・木屋・竈屋・子供部屋・持仏堂・牛馬屋・灰屋・香物蔵、さらに下人部屋と名子の家四つ、計一五軒の建物も所有している。

このような調査が、どの程度厳密に行なわれたかはわからないが、名子・下人を抱えた土豪的大経営が、かなり広範に残存している状況が示されているものと思われる。ただ、名子は下人・下女と異なって、女房や子供をもち、縦二間・横三間ほどの独立した小屋に居住しており、明らかに家族を形成している。畿内・近国であれば、事実上の小経営として自立した百姓となっているわけだが、身分的に名子として本百姓に従属しているところに、肥後山村の特性が示されている。

この帳簿には男女五二九人が載せられているが、そのうち女は、母・女房・嫁・娘・うば等として二四二人で、名前は記されていない。男は二八七人で、四七人が百姓、六七人が名子、六三人が下人となっている。ほかに庄屋・肝煎《きもいり》・僧侶が各一人おり、これと四七人の百姓とを合わせた五〇人が、独立した家としての扱いをうけている。さらに父・伯父・息子や病人・鉢開《はちひらき》など一人前の扱いをうけない者が一〇七人含まれている。

この帳簿は、実際の労働力を把握する目的で作られたものであるが、「人畜改め」というように、人間と家畜（牛馬）とを合わせて調査している点、下人や名子の扱われ方を暗示するものがあるように思われる。ちなみに細川忠利は、小倉城主であった元和八年（一六二二）にも、豊前および豊後の領国で人畜改めを実施している。

寛永十四年（一六三七）の島原・天草一揆は、隣国の肥後にも大きな影響を与えたが、これ以後、キリシタンの取締りを目的として「宗門改帳《しゅうもんあらためちょう》」が全国的に作成されるようになった。この帳簿は、すべての人間を檀那寺に登録させ、キリシタンでない旨の証明を行なうもので、戸籍台帳の性格ももっている。牛馬の所持については、検地帳に付記される程度となり、全体としては「村勢要覧」の性格をもつ「村明細帳」に載せられることになった。〝人畜分離〟が行なわれたとも言いうるであろう。

小農民の自立　「肥後藩人畜改帳」にみられる名子は、妻子をもち、狭いとはいえ独立した小屋に住み、家族を形成している。下人でも、夫婦者は一戸を構えている例もみられる。つまり、実体としては単婚小家族経営に近いものでありながら、法的には隷属身分を脱しきれないでいる状態を示すものと言えよう。土地所有については、名目的にはすべて名子主《なごぬし》である本百姓の持高となっているが、事実関係としては、名子・下人らが慣行的に占有耕作している部分があったと思われる。

名子・被官・下人など隷属農民が自立を達成する途は、決して平坦なものではなかった。肥後の場合、細川氏が入部する半世紀まえの天正十五年（一五八七）十月、大規模な国人衆の一揆が発生している。この年に島津氏を屈伏させ、九州全土を平定した秀吉は、佐々成政に肥後一国を与えたが、そのさいに秀吉は、肥後は土豪勢力の強い土地なので、国人衆や名主百姓の既得権になるべく触れることなく、在地の旧勢力のうえに安定した領主権を確立することが先決と考え、三年間は検地を実施しないよう指示したと言われる。しかし成政は、すぐに検地を断行し、国人衆の知行を削減して自己の直轄領をふやすといった挙に出たため、猛反撃をうけたのである。

一揆そのものは鎮圧され、苛酷な処断をうけたが、佐々成政も切腹を命ぜられた。肥後には翌年、熊本に加藤清正、宇土に小西行長が封ぜられ、佐々成政の与力であった相良長毎《さがらながつね》は、そのまま人吉《ひとよし》領を安堵されている。

あらたに肥後の領主となった清正らは、国人衆に対して慎重な態度で臨んだが、土豪・国人からみれば、新たな領主の入部は、みずからが領主化する途を閉ざす結果となったことは言うまでもない。肥後一揆は、この問題に根ざしていたのである。配下の百姓や名子・下人らも、土豪らに従って新領主と闘う以外に、自己を解放する具体的な途はなかった。「人畜改帳」に隠居身分として書かれている六、七〇歳代の者は、おそらくなんらかの形で、この一揆にかかわりをもったであろう。

秀吉の目からみれば、土豪・国人衆を中心に、百姓・名子・下人を包括した同族団的な組織が、かつての一向一揆と同じものに映り、さらに、九州を中心に勢力を伸ばしつつあったキリシタンの宗門組織にも、同じような危険性を感じたのであろう。天正十五年（一五八七）六月に秀吉は、博多で宣教師追放令を発布し、これまで続けられてきた布教保護政策から禁教政策へ転換する重要な一歩を踏み出している。

肥後一揆が勃発したころ、秀吉は北野の松原で大茶会を開いていた。武士はもちろん、百姓・町人まで自由な参加を許し、権力者としての姿を一般民衆や外国人にも誇示する機会としたのであるが、秀吉の思惑はみごとに打ち砕かれたと言えるであろう。封建的統一をめざす秀吉にとって、同族団的組織である一揆体制こそが、最も手強いものとなったのである。百姓から武具を没収し、かかる組織を内部から壊していくという構想は、検地の徹底的施行とあいまって、秀吉の胸中に徐々に具体化していった。

天正十六年（一五八八）七月に秀吉は刀狩令を発するが、わずか一か月のうちに、加賀の溝口秀勝の領国では、約四〇〇〇点の武具をあつめて秀吉の奉行人に引き渡している。この指令は、それぞれの地域で領主権確立につとめている大名にとって、非常に都合のよいものであった。

東北沿岸の漁師

海賊衆の転化　中世末期には、全国の海上交通の拠点となる沿岸島嶼に、海賊衆と呼ばれる武装集団が跋扈していた。彼らは、荘園年貢などを輸送する船の警護役をつとめて駄別料を取り立てたり、関所を設けて通行税を徴収したりするほか、ときには往来の船を襲って積荷を略奪するなどの乱妨を働いた。瀬戸内海から九州地方にかけての海賊衆は、みずから朝鮮貿易に参加することもあり、また倭寇として朝鮮・中国の沿岸を荒らしたりして、人々から恐れられる存在であった。

このような海賊衆は、漁業経営とも密着した在地性の強い存在であった。その配下には多くの漁民を従え、彼らにも武装させており、兵漁未分離の集団と言えよう。戦国大名は、領国内の海賊衆を把握し、あるいは他国から招き、彼らを水軍として自己の軍事力の一翼を担わせたのである。

海賊衆のなかには、九鬼嘉隆のように大名となっていく者もあったが、多くの場合、水軍の将としての技量を買われ、戦国期から近世初頭にかけて、主家を転々と変えて出仕し、主家と運命を共にすることなく、しぶとく生きのびているように思われる。たとえば千賀《せんが》氏の場合、尾張国知多郡の篠島を本拠とし、はじめは伊勢国司の北畠氏に仕えていた。なお篠島は、中世では志摩国答志郡に属していたこともある。のち戦国大名の今川氏に転仕し、義元が永禄三年（一五六〇）の桶狭間の戦いで敗北したのちは北条氏のもとに走り、伊豆国三崎に居住した。天正十二年（一五八四）の小牧《こまき》・長久手《ながくて》の戦いののち徳川氏に召し抱えられ、さらに尾張徳川家の船手奉行として、旧領の知多半島で一五〇〇石の知行をうけている。また武田氏の水軍だった向井・小浜・間宮・伊丹氏なども、のち幕府に召し抱えられ、海賊奉行などの職制に組み込まれながら近世まで続いていくのである。

海賊衆が水軍に転化していく戦国期から近世初頭にかけて、一般の漁民も加子《かこ》として大量に動員され、海上での戦闘や漕ぎ送り、物資の輸送などに従事した。これは、一般農民が陣夫として徴発されたのと軌を一にしている。たとえば、朝鮮役の最中である文禄二年（一五九三）二月、秀吉は全国の大名に対して、朝鮮へ召し連れた船頭や加子の大半が死んだので、浦々に残っている一五歳から六〇歳までの漁夫全員を、肥前の名護屋に送るべきことを命じている。前年に徴発されて兵馬や糧食の輸送にあたった漁夫は、厳寒期を船中ですごしたため、凍死者が続出した。また異郷での運搬や築城など重労働に煩い、戦闘で仆《たお》れた者も多かったのである。このように、漁業の再生産構造を無視しての大量動員は、兵漁未分離であった土豪的大経営を変質させ、結果として従属漁民層が自立する契機がつくられたのであるが、この痕跡をとどめるものとして、主として西国地方の沿岸に、「水主役《かこやく》」と呼ばれる漁業貢租の存在が認められる。

石巻湾の水主役史料　私事にわたって恐縮であるが、大学院に入ったばかりのころ、東大経済学部日本経済史資料室にある近世文書の整理を手伝ったことがある。たまたま、山城国相楽郡の大庄屋文書を分類しているとき、一束の混入された別の史料を見出した。水主役に関係する元和・寛永ごろの一紙物が一一通あり、継目にも黒印を捺した文書で、たいへん貴重なものである。卒業論文で漁業史を扱ったので、どこか西国沿岸のものだろうと思いつつ、興味をもって読んでいくうちに、仙台という字が目に入ったときには非常に驚いたのである。少なくとも水主役は、通説では志摩以西の沿岸にみられる漁業貢租の一種とされていた。しかし水主役が、戦国期から近世初頭にかけて、漁民を夫役動員したことの痕跡を示すものであるとするならば、東国沿岸にあってもよいはずである。卒論を書いているときから、このことは疑問に思っていた。

史料のなかに出てくる地名を五万分の一地図と対照してみると、福貴浦・狐崎・桃の浦など石巻湾に面した牡鹿半島の漁村であることがわかった。水主役は東北地方にも存在していたのである。とするならば、この時期において、水主を全国的規模で徴発し、水主役を東国沿岸にも残すような契機となった大動員は何であるかを考えるなかで、秀吉が行なった朝鮮役における軍役の問題に関心をもつようになったのである。

この史料のほとんどは、大庄屋である平塚雅楽丞《うたのじょう》に宛てた仙台藩給人の年貢請取状である。彼は苗字をもっているから、かつては武士身分であり、先祖はおそらく海賊衆で、朝鮮役にも出陣したであろう。伊達政宗も、渡海に際しては持舟を仕立てており、領国内の漁民も大量に動員されたと思われる。なお、この史料に出てくる月の浦という浜辺は、慶長十八年（一六一三）に政宗の家臣である支倉常長が、イスパニア人宣教師ソテロらとともに、ローマ法王に謁見するために出帆したところである。常長は「奥州王」の使節として各地で歓迎されたが、家康の意をうけた通商交渉は成功せず、二年後に帰国した。このときには、すでに前年春に京都ではじまったキリシタン大弾圧の嵐が、全国に吹き荒れていたのである。

寛永初年ころとみられる年貢算用目録から、この地域の漁業の実態をみれば次のとおりである。全体が貫高表示であるが、本高のうち田畠の高は全体の約一割で、他は漁業貢租を示す役高である。本高の約半分は控除部分であり、その原因の多くは、百姓の退転と死亡によるもので、近世初期漁村の特徴ともいうべき不安定さを示している。年貢は給人に現物で納入されるが、上納すべき肴の種目が、コワタ・カレイ・シビ・ススキ・サバなど多数あるが、それぞれの漁獲高が少ないことは、特定の魚類を大量に捕獲すべき漁法が未発達で、いまだ幼稚な磯漁業の段階にあることを意味しているように思われる。

封建的漁業秩序の形成　江戸時代に入って夫役の大量動員の必要性が薄れると、水主役は米納または金納に転化し、特定の部落に対してのみ課せられるようになる。水主役を課せられない部落は、夫米・郷役米などの名目で米銭が徴収されたのであるが、水主役負担の有無は、その部落が、地先水面で漁業を営む権利をもつか否かという関係と密接に結びついていく。つまり、水主役を負担しない部落は、領主によって「村方」に指定され、たとえ海に面していても漁業は禁止され、水主役納入によって「浦方」と指定された近隣部落が支配するところとなるのである。これは、夫役が米納または金納に転化する時点において、水主米《かこまい》（浦方）と夫米・郷役米（村方）とが区別され、領主の支配が、それぞれにふさわしい形で貫徹したことの結果であり、在地においては、地先漁場の漁業権をめぐって、部落間における激しい争論が展開されていく。

中世には、荘郷制度に対応して、漁場は荘園の支配領域に従って定められ、荘園領主と結びついた部落だけが、漁獲物上納と引き換えに、特権的に漁業を営む権利が認められていた。伊勢神宮の御《み》厨《くりや》や、権門勢家の釣漁場などもこれに含まれる。その他の部落は漁場から排除されるか、特権部落に浦手銀《うらてぎん》などを納めることによって、辛うじて自己の地先水面で漁をすることが認められた。荘郷制度の消滅に伴って、これまで漁業を営む権利をもたなかった部落が漁場に進出し、特権部落の支配から脱しようとして、激しい漁場争論がくりひろげられたが、この争論を経て、部落相互の関係が落ち着くことによって、浦方と村方の区別が確定していくのである。

漁場は耕地とは違って、個々の漁民が分割して所有することにはならない。したがって、一つの地先水面によって結ばれた村落共同体を単位とし、その構成員であれば、原則としてだれでもそのなかで自由に漁業を行なうことができ、いかなる場所においても自分だけの権利を有しないという関係において、個別的な漁業が営まれる。生産形態も、たとえば「地下網《じげあみ》」のような経営が最も普遍的で、個々の漁民は、それへ参加することによって経営が保証され、その周辺に、釣漁業など個人を単位とする小規模漁業が存在したものと言えよう。当時の技術水準からすれば、沖合漁業へ進出することはほとんど不可能で、不安定な水域を生産の場とするなかで、磯付の魚類しか対象にできないため、地先の沿岸漁業に強く結びつけられていたのである。新しい漁具漁法の発明や技術の改良があっても、隣接部落の漁撈を妨げ、または魚族保護の害となることなどの理由から採用することができず、漁業生産を飛躍的に上昇させる契機が失われることが多かった。

水主役が米納または金納に転化すれば、他の漁業貢租や小物成《こものなり》と変わらないようにみられるが、それにもかかわらず、あくまで水主役の名目で課せられた。それは、領主が、万一の場合には漁民の労働力を徴発できる体制をとったためで、平時でも、参勤交代など領主御用の漕ぎ送りや城米輸送などに、夫役が必要だったのである。実際に御用を勤めた場合は、扶持米を給付する形をとりながら、水主役の減免が行なわれた。つまり、漁民は夫役負担が可能な労働力として領主に個別に把握されていたと言えよう。

近江盆地の商人

楽市楽座令　信長の発した楽市楽座令は、古い荘園体制と結びついた座を撤廃し、新興商人に営業の自由を与えるものとして、その革新政策を象徴するかのように思われていた。しかし、信長が楽市として座を認めなかったのは、近江・美濃など自己の領国内に限られており、畿内のように寺社本所勢力が強く、座も多く存在している地域では、かえってその特権を安堵しているという事実が、脇田修氏によって明らかにされた。近江についても、神崎郡建部郷に油座の安堵を行なっている事実が知られている。

永禄十年（一五六七）十月に美濃加納円徳寺境内の「楽市場」に下した楽市令で信長は、当市場へくる者については、分国内の自由通行を認め、借銭・借米・地子・諸役を免除し、押買・狼藉・喧嘩口論を禁じ、不法な譴責使の入部や軍勢の陣取りなどを許さず、たとえ逃亡した被官人を見つけたとしても、主人は連れ戻すことができないと指示している。

この法令は、勝俣鎮夫氏が指摘したように、信長がすでにある「楽市場」を安堵したもので、あらたに楽市を設定したものではない。すなわち、ここへ初めて来住する者にも、古くからの住人と同じ権利を保証したもので、この市場内では、地縁・血縁・婚姻関係・貸借関係や、主従関係さえも絶ち切られ、いっさいの俗世間の縁から自由になるという『楽』の世界がひらけているのである。網野善彦氏が明らかにした日本における「都市の自由」の問題は、これと密接にかかわっている。

戦国大名でも楽市令を発した者は多い。その初見は、天文十八年（一五四九）近江の六角義賢（承禎）が、城下の石寺《いしでら》新市は楽市であるから、紙商売は自由であるが、美濃や近江では座人以外で商売する者があれば、その荷物を差し押えて注進するよう、枝村惣中に指示した文書である。六角氏は城下町繁栄策から楽市を創設したのではなく、すでに楽市となっていた石寺について確認したにすぎない。ここ以外の近江領内では、美濃紙の売買について、京都の宝慈院を本所とする枝村商人の座特権は保証されていたのである。

六角氏は観音寺城にあって、近江商人の活動に保護を与えていた。観音寺城は戦国期の山城としては屈指の規模をもち、多数の郭《くるわ》（曲輪）や土塁・空堀など防御施設を有している。この築城技術には、鉄砲伝来による戦術の変化と考え合わせ、種々の興味ある事実が示されている。しかし、最近では国の事業としてスーパー林道や遊歩道の工事がすすめられ、重要な遺構が破壊され、地形が大きく変えられようとしている。これに対し、地元の歴史愛好者や教員・学生らによって、この貴重な史跡を保存する運動がおこり、全国的なひろがりをもって地道な努力がすすめられている。地域住民の生活条件を向上させることと、史跡保存運動とが一致点を見出せない場合、不幸な対立関係におちいることもある。しかし、現実には、開発に名をかりた史跡破壊が、あまりにも多いのではないだろうか。貴重な文化遺産は、ひとたび破壊されれば、もはや復元は不可能である。自然景観をも含めた史跡保存の必要性が、今日ほど強く求められている時はないように思われる。

今堀日吉神社文書　この地域は、古くから近江商人が活躍する舞台でもあった。蒲生郡得珍保《とくちんほ》今堀《いまぼり》（現・八日市市）にある日吉《ひえ》神社には、中世の商業・土地所有・惣結合などの実態を示す膨大な文書が残され、研究者の関心を集めていた。この文書は滋賀大学経済学部附属史料館に移管され、仲村研氏らの努力により刊本もできている。

今堀商人は保内《ほうない》商人とも呼ばれ、京都から越前・若狭・美濃・伊勢にかけて活動し、紙・布・木綿・海産物など多岐にわたる荷物を扱っていた。彼らは、愛智《えち》郡の枝村商人など他地域の商人団と仕入や販売、さらには搬送路をめぐっての争論をひきおこしている。

永禄元年（一五五八）、保内商人と枝村商人との間で、紙荷をめぐる争論が発生した。枝村商人は、もとは美濃紙を京都へ運び、そこで売り捌いていたのであるが、このときは伊勢桑名で仕入れた紙を八風越《はっぷうごえ》によって近江へ運ぼうとして、保内商人によって積荷を押収されたという事件である。このころには、近江の愛智川・守山・永原・坂本などは紙の卸売市場となっており、在方《ざいかた》市の支配をめぐる争いという様相を呈していた。保内商人は、伊勢街道を経由して近江に入るルートは、従来から自分たちが独占していたと主張し、枝村商人は、桑名が十楽《じゅらく》の津であることを理由に、伊勢街道はだれでも自由に往来できる天下の大道であると応酬した。この争いは、二年後に保内商人の勝訴となり、枝村商人は、美濃から摺針峠《すりはり》という中山道の難所を越えて近江に入るルートをとらされたのである。

保内商人側の主張が認められた理由はわからないが、彼らは保元二年（一一五七）の院宣を所持しており、これを証拠に、諸国往来の自由や営業独占などを要求していた。この院宣は明白な偽文書であるが、争論に際しては有力な武器となりえたのである。商人や職人の集団が、自己の由緒を誇示し、あるいは座特権を維持するために、綸旨や院宣などの偽文書を帯している例は多く見られる。いずれも、天皇につながる権威に、正統性の根拠を求めているものと言えよう。

朝鮮出兵に際しては、今堀惣からも五人が、武家奉公人として関白秀次らに召し抱えられて出陣している。また、夫役動員された者には、惣から配当の米を支給することや、一年限りで夫役の交替を認めること、女だけが残された家でも、耕作に不自由がないよう協力することなどを定めている。天正二十年（一五九二）三月ごろの人掃《ひとばらい》令に際して行なわれた家数人数改《あらため》では、全体で七五人のうち、夫役負担可能の者二九人、すでに武家奉公人となっている者五人、僧侶・後家など夫役が賦課されない者四一人となっている。過半が夫役免除者であり、同じ名前が二、三度出てくることもあって、作為の跡も感じさせられる。夫役徴発を免れるため、申告に際して、成年男子の人数を低く見積るような例は、しばしば見られたのである。

近江商人は、江戸時代には店舗を構えたり、廻船や南蛮貿易に従事したり、酒造業・金融業などを営む者もいたが、行商圏を全国に拡大し、とくに奥州や北海道には大量に進出した。米・塩・味噌などをもって彼の地に渡り、ニシン・サケ・コンブなど海産物を手に入れた。さらに、松前藩の給人が、蝦夷地と交易する権利を知行として与えられる「商場《あきないば》知行制」に対し、運上金を支払ってその権利を譲りうける「場所請負制」が行なわれるようになると、近江商人の進出も盛んになるが、同時に、原住民族であるアイヌ人に対する搾取者としての性格も、一段と強まっていくのである。

近世城下町の成立　信長は天正四年（一五七六）琵琶湖東岸の安土山に築城した。都に近く、水陸交通の要衝を押さえる軍事上の目的で造られたこの城は、高くつらなる石垣に、五重七層楼の天守閣が美しくそびえ、最上層を金色として各層ちがった色が塗られ、内部の彫刻は金を用いて巧妙に彩色されていたと言われる。

翌天正五年（一五七七）六月、信長は麓の町場に対し、一三か条の「安土山下《さんげ》町掟」を発布した。まず、ここを楽市とするうえは、諸座・諸役・諸公事等をことごとく免除し、他国や他所からの移住者も平等に扱い、それまでの主従関係は問わないこととしている。さらに、普請・伝馬・徳政なども免除し、喧嘩・口論、国質・郷質、押売・押買・宿の押借などを禁止して市場の秩序維持につとめている。また、火事については、放火された場合は家主に責任がおよぶことはないが、失火は糺明のうえ追放となっており、事情を知らずに盗品を買ったり、犯罪者に宿を貸したような場合は罪科とならない規定である。戦国法では、このようなケースでも処罰されることが多いが、この法令では善意の過失を不問としている点が注目されよう。信長は城下町振興策の一環として、ここに楽市場としての性格を強く織りこもうとしたのである。

安土城は本能寺の変の直後に焼け落ちたが、天正十四年（一五八六）豊臣秀次が八幡山に築城したとき、安土の町人を招致したので、ある意味ではここに移築されたとも言えよう。秀次は信長と同趣旨の法令一四か条を「八幡山下町掟」として出しているが、主人が被官を連れ戻すことを禁ずる条項は削られている。その後に入部した京極高次も、文禄三年（一五九四）に、ほぼ同じ内容の朱印状を発布している。

八幡町（現在の近江八幡市）は、信長・秀次および徳川家康の朱印状により、江戸時代にも諸役免許の特権を得ていた。寛文十二年（一六七二）代官より証拠文書の提出を求められたとき、家康の朱印状とは、じつは関ヶ原役のさいの禁制三か条で、軍勢の乱妨狼藉や放火などを禁ずる内容であり、諸役免許は記されていないことが発覚した。町年寄たちは、さきの代官に求められて提出したおり、騒動に巻きこまれて亡失したもので、確かに権現様からも諸役免許をうけていると陳弁したが、信憑性に乏しいことはもちろんである。近接する日野町は、かつて蒲生氏郷が諸役を免許したが、江戸時代には役儀が課せられていたからである。代官は処置に困って勘定奉行へ伺いを立てたが、その後どのような扱いをうけたかはわからない（竹橋余筆）。

家康の禁制を、あたかも諸役免許の朱印状であるかのように見せかけて、織豊政権下で得ていた特権を、江戸時代まで維持し続けたことは、近江商人の強《したた》かな一面を示しているように思われる。しかしながら、かつては町の機能として有していた「楽市」の性格は、もはや残されていなかった。都市住民は屋敷地を所持し、地子を負担する町人身分として把握され、地借《じかり》・店借《たなかり》らとともに雑多な職業に従事した。彼らは町奉行その他の支配をうけ、領主階級にとって必要な物資や労働を提供し、また武家奉公人の供給源にもなったのである。

畿内周辺の職人

社会的分業の展開　兵農分離が進むにつれて、畿内周辺をはじめ、各地に新しい都市が形成されていく。都市は、全国の商品流通を結びつける要の役割を果たしており、また、周辺農村に生活必需品を供給することによって、分業関係を成り立たせていたのである。

今日、多くの都市に、たとえば鍛冶町・大工町・鉄砲町といった名前がみられるが、これは、戦国期から江戸時代初頭における城下町建設の時期に、権力者の意向によって招き寄せられた職人たちが、一定の区域に集住した痕跡をとどめているものである。

戦国大名は軍事力増強と領内統治の必要から、特殊技能者を各地から招き、自己の支配下においた。甲斐の武田氏の場合、笹本正治氏の調査によれば、鍛冶・番匠《ばんじょう》・大鋸《おが》・山造《やまつくり》・石切といった建築関係者、紺屋・桶造《おけつくり》・桧物《ひもの》師・畳刺《たたみさし》といった生活用品製作者、革多《かわた》・矢作《やはぎ》・柄巻《えまき》師といった武具製作者のほか、桝造《ますづくり》・秤師《はかりし》・金座職人など度量衡器具製作者を抱えており、それぞれの職人集団の中心となる棟梁格の人物を把握することによって、全体を支配していた。このような指導的立場の職人は、たとえば小島飛驒守・渡辺兵部丞《ひょうぶのじょう》というように、苗字をもち、官途名・受領名を名乗り、領内の寺社と深い繋がりをもっていた。彼らの多くは武田氏に直属し、知行も受けている被官職人だったのである（「年報中世史研究」3）。

武田氏は、このような職人集団を、たとえば年に二四日というように期限をつけて徴発し、必要な労働に従事させた。所定の日数を超えた場合には扶持や作料が与えられている。職人は普請役や棟別役が免除されることが一般的である。なかには寺社や権門に付属せず、郷村の内部から成長してきた者もいる。

農村は、武士や町人に対する食料の生産のみならず、都市手工業に対する原料の供給源でもあった。木綿栽培は中世末期から盛んになり、織豊期には関東にもおよんでいる。庶民の衣服に用いられたことから、畿内を中心に衣料生産が飛躍的に増大した。青苧《あおそ》も越後上杉領をはじめ北陸地方で作られ、主として上方へ送られた。養蚕は、この時期には中国産の生糸が入っていたので、江戸時代中期以降のように特産地帯を形成するにはいたっていないが、各地の検注帳・検地帳にみられる桑畑の存在は、農村内部における養蚕のひろがりを推測させる。染料としての藍《あい》の需要も増加した。このほか漆《うるし》・蠟《ろう》・荏胡麻《えごま》をはじめ各種の原材料が作られていることは、領主側の作成した史料から確認される。

このような商品作物の栽培は、干鰯《ほしか》を中心とする肥料の投与による畠作生産力の上昇に支えられており、近畿周辺の漁村のイワシ漁業の発達と結びついている。やがてこの技術は、九十九里浜をはじめ全国各地に伝播していった。

今井宗久書札留　畿内は、衣料生産とともに、鉄砲製造の面でも他の地域を圧倒していた。南蛮渡来の技術が、在来の精錬業など手工業生産と結びついて、特殊先進地帯を形成していた。統一権力が、これに早くから目をつけていたことはもちろんである。

堺の豪商で茶人としても名高い今井宗久が記した、永禄十二年（一五六九）の『書札留』が今井家に伝わっている。信長の勢力を背景に、代官として年貢や過書銭《かしょせん》などの徴収にあたり、但馬の生野銀山の経営にも関与した政商としての姿を彷彿させる自筆書状の手控えである。

宗久は、鉄砲・火薬の生産と販売に携わっていた。この史料に、鋳物師の源左衛門という鍛冶職人が登場する。彼は宗久の被官として我孫子五ヶ庄（現・大阪市住吉区）にある直属の吹屋に、他の鋳物師とともに集められ、鉄砲生産に励んでいた。しかし彼は、付近の住吉・遠里小野《おりおの》に吹屋を建て、宗久の支配から脱しようと試みたこともあった。同年八月、金田《かなた》という寺内に吹屋を作り、独立を企てた。この一向宗寺院の境内に発達した町場は、信長の封建支配に抵抗するいちおうの構えをもっていたようで、源左衛門の企てを容認したとみられる。

源左衛門は、この吹屋は自分の婿の源四郎のもので、宗久とは被官関係にない人間だからかまわないはずであると必死に抗弁したが、宗久は、彼は婿であっても、源左衛門の養子であるから自分の被官になるという強引な論理を押し通し、ついに金田寺内を屈伏させてしまった。この時期には、宗久の支配から抜け出そうとする者は多かったようで、湊村などにできた吹屋にも同様の申し入れを行ない、取り潰させている。宗久は、すべての吹屋は我孫子五ヶ庄に集中せよというのが信長の意志であるとして、その威力をもって被官経営の維持につとめたのである。遠隔地の吹屋に対しては、吹屋銭を徴収することで、間接的支配を企てようとした形跡もみられる。

信長は、このような形で直属の武具生産工場を維持したのであるが、その原材料を入手するため各地に進出した。翌元亀元年（一五七〇）四月、信長は山名韶熙《あきひろ》に対し、生野の銀山や要害などの引渡しを求め、承服しないならば宗久と長谷川宗仁とを差し下すと申し入れている。

各大名とも領内で鉄砲の生産を試みたのであるが、先進地域との技術水準の較差は著しく、実戦に不向きなことが明らかになるにつれ、堺の評判はさらに高くなった。朝鮮出兵のさいなども、出陣する武将の多くは堺に鉄砲の注文を行なっており、加藤清正は、通常の鉄砲は熊本で張らせるが、筒と呼ばれる大型のものは京・大坂で誂《あつら》えるよう指示している。

鉄砲の生産が、堺や近江の国友《くにとも》など、ごく限られた地域であることは、領主権力がこれを掌握することをきわめて容易にした。兵農分離以降、武具を帯することは領主階級の独占権に属し、猟銃その他、一般百姓が持つ場合にも、厳重な監視下にあったのである。城下町では鉄砲鍛冶を行なうほか、農具や鍋・釜など日用品も作られるようになった。

身分と職能の確定　領主権力は職人を、それぞれの組織を通じて掌握していたので、有事のさいに動員することはきわめて容易であった。それによって、職能集団ごとの身分秩序が明確化されていく。天正四年（一五七六）の安土築城に際しては、東海・北陸・畿内の侍衆をはじめ、奈良・京都・堺の諸職人が召し寄せられた。とりわけ信長は、近江国中の杣《そま》・大鋸引《おがひき》・鍛冶などに対し、棟別銭や臨時段銭、さらには地下《じげ》並の諸役をいっさい免除する代わりに、国役としての作事を申しつけている。つまり、近江在住の職人が安土城の普請に動員されるのは、国の役儀としてであり、職人身分の確定につながる契機となったのである。

戦国大名制下においても、たとえば一国を単位とする大工職の安堵や付与といった形で、国や郡を基準にした職人把握が行なわれてきたが、国家の支配機構において、身分秩序を明確化するために、役の賦課を通じて編成する方策がとられている。たとえば大工役・鍛冶役といった特定の役儀を負担することは、その者が特定の身分秩序の中に位置づけられたことを意味する。具体的な作事に動員される場合もあり、直接には動員されないが償金を出すことで代えられることもある。いずれの場合でも、国家に対して一定の義務を負担したことを意味し、その反対給付として特権が付与され、また差別の原因ともなったのである。

それぞれの職人集団は、商人集団と同じく、貴種を本所と仰ぎ、綸旨・院宣などを帯していた。たとえば大部分の鋳物師は、江戸時代には伊勢例幣使をつとめた真継《まつぎ》家が支配・統轄したのであるが、この真継家は、蔵人《くろうど》所《どころ》小舎人《ことねり》職を世襲した紀《き》氏の系譜をひき、蔵人所は燈炉供御人《とうろくごにん》と呼ばれた諸国鋳物師を統轄したという関係にある。戦国期に真継久直が、諸国をまわって鋳物師の組織化につとめたとき、天文十二年（一五四三）の後奈良天皇の綸旨写を大名たちに示し、天皇の命によって諸国の釜屋再興にあたっていると説いたと言われる。商人や職人のように、山野河海を生活の場とした人たちが、天皇につらなる伝統的権威を拠りどころとし、在地領主の支配に服することなく、諸国往来の自由や交易自由の特権を行使して活動したことは注目されよう。真継家は、このほか宝徳三年（一四五一）河内国の鋳物師一〇九人が連署した「座法」三か条など多数の文書を所持している。宝徳の座法・天文の綸旨ともに後世の作とされているが、網野善彦氏は、これらの文書は、なんらかの実在のものに手を加えて作成したもので、偽文書として捨てるよりも、背後にある真実の一端を読みとるべきことを主張されている。なお、宝徳の座法に記された鋳物師の居住地は、我孫子村をはじめ、今井宗久が支配した地域とほぼ一致する。彼が経営した吹屋の前身は、かなり古い時代からこの地に散在する鋳物師たちであったのかもしれない。

5　文化の伝統と断絶

屏風絵の世界

狩野派　安土桃山時代の文化の特質を考える場合、美術の一部門である絵画の、さらに一つの流派にすぎないものを対象とするだけでは充分とは言えないが、表面的に最も華やかな活動ぶりをみせた狩野派の動きのなかに、なにかこの時代についての本質的なものが潜んでいるように思われる。

信長の御用絵師として安土城の障壁画を制作した狩野永徳や、武士の出身で秀吉に小姓として仕えたこともある狩野山楽は、この時代を代表する画壇の巨匠と言えよう。永徳は初期狩野派の山水画を大胆な構図の装飾画に転化させ、極彩色の絢爛豪華な画風を大成させた。安土城については残念ながら現存するものはないが、『信長公記』の筆者太田牛一が「御座敷の内御絵所悉く金なり」と伝えているように、金地に花鳥・鳥獣・人物・風景などをあしらった障壁画が各層に描かれていたようである。そのなかには、孔子や釈迦の弟子たち、天人・賢人・餓鬼など神儒仏を画題としたものもあった。竜虎の戦いや鷹の絵などは、信長好みの豪放な構図と思われる。大徳寺聚光院《じゅこういん》の「山水花鳥図襖絵」や御物《ぎょぶつ》（宮内庁所蔵）の「唐獅子図屏風」などの傑作が伝わっている。そこには、雪舟《せっしゅう》に代表される東山文化の幽玄枯淡な雰囲気も皆無ではないが、墨の濃淡だけで風景を描写し、禅の境地を表現するような厳しさは失われていた。神儒仏を題材としたものも、宗教や思想内容を離れて、信長が求めた世俗的権威を高めるためのアクセサリーにすぎなかったのである。

山楽の画風は永徳より落ち着いた感じをうけるが、装飾画としての構図が、それだけ型にはまってきたとも言えよう。東京国立博物館所蔵の「車争図《くるまあらそいず》屏風」や、大覚寺の「紅梅・牡丹図」などの名品が遺されているが、この時代の障壁画が飾られた城郭や邸館・寺社の多くが戦火で灰燼に帰したため、全貌をうかがうことは困難である。

山楽は京都にあって、大和絵をとりいれた独自の画風を後世に伝え、京狩野の祖となったが、主流は徳川家に仕えた江戸狩野に移っていった。その代表格で、狩野派中興の祖といわれる探幽《たんゆう》は、幕府の御用絵師として、城郭の障壁に健筆を揮った。二条城の「松鷹図」や名古屋城の「帝鑑図」などは、装飾風のなかに峻厳さを漂わせ、家光政権を象徴する権力の画家としての性格を示している。彼が活躍した寛永年間は、幕藩体制社会が完成する時期であるが、文化史の面では、安土桃山様式の最後に位置づけられている。

江戸時代における狩野派は、幕府から屋敷地を与えられ、四家の奥絵師と、十指に余る表絵師とに分かれ、勢力を競い合った。儒教色の強い装飾画が好んで作られたが、画風としては見るべきものに乏しい。体制に庇護され、家元として旧慣を墨守していくうちに、創造的精神は摩滅し、個性を失い形骸化していったのである。そこには、雄大な構図のうちに秘められた叙情性など、もはや感じとることはできない。

永徳・山楽と同時代に活躍した長谷川等伯・海北友松《かいほうゆうしょう》も、狩野派の影響を多分に受けていた。ともに水墨画を得意とし、室町期の中国風絵画の伝統を受け継いでいる。等伯の作としては、東京国立博物館の「松林図屏風」や南禅寺金地院の「老松図襖絵」などが名高い。友松も建仁寺の「山水図屏風」や北野天満宮の「雲竜図屏風」などの秀作を多く残している。

等伯や友松も秀吉・家康らの命をうけて障壁画の制作に励んだが、世俗的な面で狩野派と張り合う結果となった。永徳らの政治力によって充分な活動の場が与えられなかったことも考えられよう。等伯一門には「長谷川派」の名辞が冠せられているが、さしたる人物も見当たらず、友松も実子の友雪《ゆうせつ》のほかは、後継者に恵まれなかったようである。

無名の絵師たち　安土桃山時代の文化を代表する狩野永徳は、雄大な構図をもつ障壁画とは対照的な、「洛中洛外図屏風」のような細画にも筆を染めている。この絵は、永禄期の京都の景観をとらえたものとされており、天正二年（一五七四）に信長から越後の上杉謙信に贈られたことで知られている。

洛中洛外を描いたものは他にも存在するが、「上杉本」と呼ばれるこの図屏風は、当時の雰囲気をよく伝えているように思われる。金地に濃紺や青などの屋根をもつ邸宅や寺社を配し、緑色の山や樹木、朱色の鳥居や五重塔も見える。もちろん実景ではなく構図化されており、名所案内図としての性格を有している。ただ、ここに登場する無数の庶民の姿は、それなりに生活の息吹を感じさせ、装飾

料金受取人払

本郷支店
承認

4976

差出有効期間
平成26年1月
31日まで

郵便はがき

113-8790

251

東京都文京区本郷7丁目2番8号

吉川弘文館 行

愛読者カード

本書をお買い上げいただきまして、まことにありがとうございました。このハガキを、小社へのご意見またはご注文にご利用下さい。

お買上**書名**

＊本書に関するご感想、ご批判をお聞かせ下さい。

＊出版を希望するテーマ・執筆者名をお聞かせ下さい。

お買上書店名　　区市町　　書店

◆新刊情報はホームページで　http://www.yoshikawa-k.co.jp/

◆ご注文、ご意見については　E-mail:sales@yoshikawa-k.co.jp

ご氏名《ふりがな》	年齢　　歳　男・女
〒 □□□-□□□□ ご住所	電話
ご職業	所属学会等
ご購読新聞名	ご購読雑誌名

今後、吉川弘文館の「新刊案内」等をお送りいたします(年に数回を予定)。
ご承諾いただける方は右の□の中に✓をご記入ください。 □

注 文 書

月　　日

書　名	定　価	部　数
	円	部
	円	部
	円	部
	円	部
	円	部

配本は、○印を付けた方法にして下さい。

イ. 下記書店へ配本して下さい。

（直接書店にお渡し下さい）

（書店・取次帖合印）

書店様へ＝書店帖合印を捺印下さい。

ロ. 直接送本して下さい。

代金（書籍代＋送料・手数料）は、お届けの際に現品と引換えにお支払下さい。送料・手数料は、書籍代計1,500円未満500円、1,500円以上200円です（いずれも税込）。

＊お急ぎのご注文には電話、FAXもご利用ください。
電話 03―3813―9151（代）
FAX 03―3812―3544

画には見られぬ境地を創り出している。武士・百姓・商人・職人なども描き分けられており、彼らの住居や店舗・仕事場なども認められる。全体として明るい、中世末期の情景が盛りこまれており、安土桃山文化の一つの到達点と見ることもできよう。

この絵画は、永徳の卓抜な構想力にもとづいて制作されたであろうが、もちろん彼一人の筆によるものではない。山楽クラスの弟子にとっては、師匠の下で腕をみがく絶好の機会でもあり、さらにその後方には、多数の無名の絵師たちが動員されていたと思われる。

構図ができ上がれば、配色は決まっているから、細部の塗り上げなどは、無名の絵師たちに任されたであろう。おそらく彼らは、狩野派の末端につらなる者か、その影響をうけた者であろうが、いずれにせよ、絵師として最も大切にすべき個性や感受性を押し殺し、ひたすら均一化したタッチで描くことが要求されたことはまちがいない。だれがどの部分をどの程度に受け持ったかはもちろんわからない。いかなる炯眼《けいがん》の美術史家でも、何人の異なった筆が加わっているかを見抜くことは不可能であろう。

作者が不明の「合戦図屏風」や「南蛮屏風」は、さらにその傾向が著しい。戦国期から近世初頭における著名な合戦は、必ずと言ってよいほど屏風絵に描かれている。これらは特定の武将の注文によって制作されたものが多いから、一つの合戦について幾通りもの作品があっても不思議ではない。したがって、戦局の一場面を描写したものというよりは、注文主の戦功を引き立たせるために構図化されたものと考えたほうが真実に近いであろう。

もちろん、絵師が内的な制作意欲にもとづいて筆をとったという点までを否定するつもりはない。従軍した絵師が、感動した合戦場面の記憶をたどりながら描いたものや、戦死者への追善供養の気持ちをこめて制作にとりかかった事例もあったかと思われる。ただ、あまりにも類型化した手法についての芸術性を云々することは、あたかも江戸時代に書かれた多くの合戦記に、文学としての価値を求めるようなもので、ほとんど意味はないであろう。まして、史実の反映を読みとることは困難である。最初から、正確な情景描写や記録として意味をもつものを残そうという発想は乏しかったからである。

南蛮屏風も、狩野派・土佐派などに属する絵師や、それらの流れをくむ町絵師たちによって描かれたものが多い。その風俗は、当時の日本人がとらえた「異国」であって、純ヨーロッパ世界ではなく、対象がすでにアジア化されてしまっているということは前述したが、たとえば舶載の珍しい毛皮類から、見たこともない異国の動物の姿を想い浮かべたことであろう。それが伝説上の動物と混り合ったり、実在の動物の姿になぞらえられたりして、屏風絵に登場するのである。

風俗描写の技法　桃山屏風をいろどった山水図・花鳥図・人物図・風俗図・走獣図・帝鑑図など墨彩両様の絵画は、世俗的指向に合致した装飾性の強いものであるから、現実の姿と隔たっていることは当然であろう。問題はそのなかに、どれだけその時代の性格や風俗が盛りこまれているかということであろう。

時期はやや下るが、慶長九年（一六〇四）八月に行なわれた秀吉七回忌の臨時大祭礼の模様を描いた「豊国祭図屛風」は、ある意味では、安土桃山時代の掉尾を飾るにふさわしい作品といえよう。徳川黎明会所蔵のものは六曲一双で、右隻《うせき》（向かって右）は中央部で猿楽田楽が演じられ、貴人たちが見物する周辺を、多数の騎馬武者が行列している図である。遠くには南蛮人の姿も見え、行列に走り寄ろうとする子供や、暴れ馬を必死に押えつける男の姿など、すべてが躍動感にあふれている。左隻は方広寺大仏殿の前で踊っている町衆のありさまを描いたもので、上京・下京の町組の名が書かれた旗や幟《のぼり》なども見える。作者は岩佐又兵衛勝以《かつもち》だという説がある。又兵衛は土佐派の影響を強くうけ、狩野派とも繋がりのある家光のお抱え絵師であった。もしも彼がこの祭礼図を描いたとすれば、幕府に出仕する以前であろう。「士庶遊楽図」など浮世絵風の作品を多く残している。

京都の豊国神社所蔵の「豊国祭図屛風」も同様の構図であるが、表現はかなり異なって、静的な印象を与える。踊りのようすは、乱舞といったものではなく、揃った手振りで幾重かの輪を描いており、行列も塀に沿って整然と並んでいる。作者は狩野内膳という江戸狩野の絵師で、名古屋城障壁画の制作などに加わった人物である。『舜旧記』には二年後の慶長十一年（一六〇六）八月の秀吉の命日に、片桐且元の手で豊国社に奉納され、一般民衆にも見せたという記事がある。

この秀吉七回忌は、豊国神社の臨時大祭として盛大に挙行された。準備は家康の指示で、板倉勝重・片桐且元・神竜院梵舜（『舜旧記』の著者）によってすすめられた。秀頼は片桐貞隆を名代とし、福島正則・加藤清正・浅野長政など秀吉恩顧の大名も参詣している。後陽成天皇も神楽を奉納した。命日には、京の町人が六組に分かれて風流踊りを行ない、見物する人は幾千、幾万と数知れぬほどであったが、伏見に詰めていた大名小名のうちで、これを見物する者はだれもいなかったと『当代記』は伝えている。

豊国祭ということで熱狂的に踊りまくる京の町衆と、幕府の目を恐れて、見物することすら避ける大名たちという対照的なとりあわせは、安土桃山時代の閉幕を告げるにふさわしいものであった。江戸幕府の成立によって、京都の町も所司代の支配が強まり、大坂方への監視は一段と厳しくなっていった。日々の鬱積した町衆の気持ちは、秀吉に対する追慕という形をとって爆発したのであろう。岩佐又兵衛筆といわれる屏風絵は、これをみごとに表現している。狩野内膳筆のものは、秀頼の求めによって作られたものだけに、情景描写などはリアルだったと思われる。しかし、時代の精神をいかに盛りこんでいるかという点は、写実の正確さとは別の次元のことがらであろう。作者はそれぞれに、自己が認識した信長・秀吉の時代を、この屏風絵のなかに表現していると言えよう。

神儒仏一体の思想

善光寺如来の勧請　信長は比叡山を焼き打ちし、一向一揆と武力で対決するなど絶滅策をとったが、法華宗（日蓮宗）に対しては、天正七年（一五七九）に安土で浄土宗との間で教理問答を行なわせ、敗北させることによって打撃を与えたのである。

この安土宗論《しゅうろん》は、浄厳院という浄土宗の寺院を会場とし、信長の兵士が物々しく警備するなかで行なわれた。南禅寺の僧が判者であったが、信長の意をうけており、勝敗は最初から決まっていた。法華側は袈裟を剝ぎとられて殴打され、経文を破り棄てられるという恥辱をうけただけでなく、中心人物は処刑されるという大打撃をこうむった。逆に浄土側は、「誠に手柄比類なし」という信長の朱印状や賞金が与えられた。このようにして、戦闘能力を備えた仏教教団は解体させられ、自己の政権維持に都合のよいものへと改変されていくのである。

信長がキリシタンに寛容な態度をとったことは周知のとおりである。宣教師の記録によれば、信長は安土に建立した総見寺に、全国の寺社から神体や本尊を集めて安置し、神や仏に自分を拝ませた。そして、自分の誕生日を聖日と定め、一般民衆にも参詣させ、これを信ずれば、長寿・健康・裕福・子孫繁栄といった功徳が得られると宣伝したと言われる。信長が死ぬ直前の出来事というから、天正十年（一五八二）のことであろう。

このことは、信長が一向宗など仏教諸宗派が説く極楽浄土・来世での幸福に対抗し、現世利益を強調することによって、民衆の心をひきつけ、同時に自己の神格化・絶対化をはかったものと理解されている。

しかしながら、このような事実は、日本側の記録からは確認できないのである。たとえば、仮に信長が、全国の寺社から神体や本尊の提出を命じたとすれば、神職・僧侶や一般の信徒たちが、黙ってこれに従ったであろうか。死を賭した抗議や反対行動がおこったと思われるが、寺社の由緒書など関係史料からは、その徴候すら見出せない。宣教師の記録には、ときとして事実の誇張や歪曲があるが、全体の文脈から判断すれば、この記事は、本能寺の変における信長の急死を、天が与えた罰だと説明するための伏線として、ことさらに作られたエピソードと考えられるのである。

信長が死の直前に示した宗教的態度は、別のところにあったと思われる。それは、伊勢神宮の式年遷宮の儀式を再興することと、善光寺如来を美濃へ勧請したことである。

信長は天正十年（一五八二）一月、伊勢神宮の要請をうけ、式年遷宮を計画した。まず銭三〇〇〇貫の寄進を決め、岐阜城の土蔵にある鳥目《ちょうもく》をこれにあてようとした。この年は、外宮の遷宮年にあたるので、信長は自分の手で実施を考えたのであろう。しかし実際は、信長の死後、天正十三年（一五八五）に秀吉によって挙行された。この費用は、銭五〇〇〇貫と金子二五〇枚が用意され、そのほかは勧進（募金）によってまかなわれた。

信長は同年三月、甲斐の武田勝頼を滅ぼして凱旋するさい、善光寺如来を岐阜城下へ奉遷したのである。このとき善光寺は、武田氏によって、信濃から甲斐に移されていた。この如来本尊は、信長の死後、二男の信雄によって尾張の甚目寺《じもくじ》に移され、さらに家康が遠江の鴨江寺《かもえじ》に移し、再び甲斐の善光寺へ戻されたと言われる。当時の甲斐は家康が支配していた。

善光寺は、江戸時代には浄土・天台の両宗寺となるが、それ以前の宗旨は八宗といわれるほど、あらゆるものが混在していた。阿弥陀信仰は、宗派を超えて民衆の間に根強い力をもっており、善光寺はその象徴的存在だったと思われる。信長は、一向一揆勢力と信仰の面でも対決するため、専修念仏よりさらにひろがりのある浄土思想そのものを自己のうちにとりこもうとして、あえて領国内へ善光寺如来を迎えようと考えたのであろう。

この先例にならって秀吉も、同じことを企てている。慶長二年（一五九七）七月、秀吉は前年の畿内大地震で崩壊した方広寺大仏殿を再興するに際して、その本尊に善光寺如来を甲斐より奉請した。甲斐の浅野長政の指図で、東海道筋の大名がリレー式で移送し、一〇日ほどかかって上洛した。天台・真言の僧が各一五〇人、諸門跡や木食《もくじき》上人らが出迎えるなかを、本尊は大仏殿に安置された。この計画は、秀吉の霊夢によるものとされているが、善光寺側もかなり抵抗した模様である。説得のために近衛前久らが下向しており、後陽成天皇の綸旨まで出されている。

秀吉が大仏殿に如来像を迎えようとした狙いについては、再言する必要はないと思われる。明との講和交渉が決裂し、秀吉が朝鮮再征の命令を発する直前の出来事であった。国内上下挙げて、対外侵略戦争に向かわせるための心理操作という面も否定できない。しかし秀吉も、病気には勝てなかった。翌年、秀吉が死の床に就いたとき、これを如来本尊の祟《たたり》とおそれ、急いで本国の信濃へ戻すことにした。本尊が多数の武士に護られて大仏殿を出発したのは、秀吉が死ぬ一日まえの慶長三年（一五九八）八月十七日のことであった。

宣教師追放令　天正十五年（一五八七）六月、秀吉は突如としてキリシタン宣教師に国外退去を命令した。これは、外国との貿易関係は従来と変わりなく続けるにせよ、四〇年近くも続けてきた宣教師優遇政策から布教制限政策への転換を意味し、のちに江戸幕府によってくりひろげられる迫害と殉教の歴史の幕を開く、重要な布告であった。

秀吉は薩摩の島津氏を降伏させ、九州全土を手中に収めた帰途、博多において九州の知行割を構想するなかで、この地域におけるキリシタンの盛行と、とくに教会領に寄進されている長崎の姿を見て不安を感じ、さらに、彼が宣教師に所望したフスタ船の博多湾来航が断られたことに対する不満や、側近の禅僧である施薬院全宗《やくいんぜんそう》らの反キリシタン的言動などをうけて、突然に思いたって発布されたものと言われている。

秀吉が六月十九日に宣教師側に与えた全五か条の朱印状の写は、平戸の松浦家に伝わっているが、その第一条は「日本ハ神国たるところ、きりしたん国より邪法を授け候儀、はなはだ然るべからず候事」となっている。

この「神国」は、外国側に「神々の国」と訳されており、「キリシタン国」との体制上の相違を念頭において発想されたものと思われる。ただ、第三条では「日域の仏法」、第五条では「仏法のさまたげ」となっているように、神と仏は一体化されている。さらに、天正十九年（一五九一）七月に、秀吉がインド副王に送った返書では、わが国は神国で、神は心であると述べ、この神は、インドにおいては仏教、中国においては儒教、わが国においては神道という形をとるのだと説明している。つまり、仏教の教理を軸とした神儒仏一体の混合思想が、「神国」の具体的内容なのである。

キリシタンを「邪教」と呼んでいることも、この時期では外来思想一般を指すにとどまり、思想内容としてキリシタンを排除するほど強いものではないように思われる。この語は「悪魔の教」と訳されているが、封建倫理と両立する側面は失われていない。小西行長らの著名なキリシタン大名や武将たちは依然として健在であった。まして、南蛮貿易は従来と変わりなく続けるという態度を示している以上、宣教師追放令も有名無実のものとならざるをえず、信徒の数はかえって増加の傾向にあった。

秀吉は慶長元年（一五九六）長崎で二六人の宣教師や信徒を磔刑《たっけい》に処しているが、これは、同年に土佐へ漂着したイスパニア船、サンフェリッペ号を増田長盛が取り調べたさい、航海士の失言と通訳の不手際とによって、キリシタンが日本侵略の野望をもっていると秀吉が判断したことからおこった偶発的なことがらとみるべきであると思われる。一般信徒への弾圧が始まったのは慶長末年からである。民衆に改宗を強制した史料である「切支丹転《ころ》び証文」は、細川領の場合では慶長十九年（一六一四）二、三月に集中的に残されている。

秀吉が天正十五年六月十八日に発した一一か条の法令が伊勢の神宮文庫に残されている。内容は、大身の者が信者となるには公儀の許可が必要であるが、小禄の武士や一般民衆の場合は当人の自由であることを述べ、布教それ自体を禁止するのではないが、キリシタンは、かつての一向宗や本願寺勢力と同様の性格をもっていることが危険だと強調し、さらに、人身売買や肉食の禁止をうたったものである。

この法令については、種々の解釈がなされてきたが、私はこれが、神宮の御師《おし》が江戸時代中期に作成した「御朱印師職古格」という手控えのなかに収められているだけで、キリシタン側の記録には全く典拠がみられず、内容も「寺請百姓《てらうけ》」というような、この時期に存在するはずのない言葉が用いられていることなどから、きわめて疑わしいものと思っていた。しかし、岩沢愿彦氏が神宮の「引付」から、この文書が伴天連《ばてれん》成敗の朱印状として皇大神宮に下布されたことを証明され、用語の問題は転写のさいの誤記であろうと推定された（『国学院雑誌』80巻11号）。その後に神宮文庫を調べてみると、他に一通の写があることがわかり、それには「寺庵百姓」という妥当な表現となっていたことから、岩沢氏の推定は裏付けられたのである。

この法令は、さきの松浦文書と異なって、一般に公布されず、伊勢神宮に伝達されただけであるということになれば、秀吉朱印状の発給手続きの問題や、さらには当時のキリシタンに対する為政者の意識をさぐるうえで、重要な研究課題が提起されているのである。

神祇信仰といい浄土思想といい、神仏習合の時代には、さして区別する必要のないものではあるが、信長や秀吉のとった宗教政策は、神儒仏を一体化することによって、鎮護国家の思想から民衆の素朴な信仰心までを吸収した点に特徴が見出されるのである。それは、一向一揆や戦国大名との戦いのなかで学びとったものを、主従制や国家の統治権とのかかわりで具現化したものと言うことができよう。

不受不施派と隠れ念仏　当時の神国思想は仏教の教理を軸とした神儒仏一体の混合思想で、すべてを包摂する内容であった。このような状況下で、はたして異端と正統の問題は発生するであろうか。ヨーロッパ社会の歴史は、この両者の葛藤を通じて展開したと言っても過言ではあるまい。カトリック教会が行なった悪名高い魔女狩りや異端審問についても、民衆の間に、福音や救済に対しての厳しい緊張関係が、いかに根強く存在したかを証明するものと言えよう。

わが国の中世社会において、民衆が宗教一揆の形態をとって、激しい反権力闘争を展開したのは、一向宗（浄土真宗）と法華宗（日蓮宗）である。天文法華の乱や石山戦争は、町衆や門徒百姓たちのエネルギーの強靭さを示すものと言えようが、いずれも統一政権が成立する時期には鎮圧された。しかし、この両宗から、近世を通じて異端として排斥される一派を生んだことは、決して偶然とは言えないであろう。

法華宗は、安土宗論で信長に痛めつけられたが、秀吉は布教活動を容認する態度をとったので、かなりの失地回復はできたとみられる。しかし、文禄四年（一五九五）、方広寺大仏殿で先祖供養を行なうため、一宗より一〇〇人の僧を出仕させよという秀吉の命令をうけるにおよび、内部を二分する激烈な争いとなったのである。

法華宗は日蓮以来の制法として、他宗の施を受けず、また施を与えないことを建前としていた。他宗の僧といっしょに読経することや神社参詣も禁じられていた。しかし、天皇・公家・武家の祈願については認めていたようで、権力者から寺領安堵をうけていたのである。

秀吉の命令は、大仏殿で行なわれる国主の供養であるから出仕もやむをえないという多数の見解に対し、妙覚寺の日奥らは、いかなる法難を受けるとしても、宗法を守って断じて拒否すべきであると主張した。

秀吉は、前田玄以を通じて法華宗側に、公儀の仰せつけは国家の祈禱と同じであるから出仕するよう督促しているが、日奥らを処罰したわけではない。むしろ、末寺や信徒の獲得合戦といった内部の争いは激化していった。出仕を主張する側は、秀吉らの権力者に日奥らの所行を訴えれば、日奥は、前田玄以を通じて後陽成天皇に働きかけようとしている。

不受不施《ふじゅふせ》の論理は、法華宗側の一致した方針となっており、室町時代には将軍からの招きを断わったこともある。しかし、出座拒否が宗門弾圧の危機に連なるとき、国主の供養は制法の外にあるという受不施の論理が出されてくる。権力者の側も、ときとして不受不施を認めることもあり、また流罪などに処すこともあった。

受不施と不受不施の対立は、現実の法華教団とその将来についての認識の相違に根ざしており、王法と仏法のいずれを基本に据えるかという点にかかっていた。しかし江戸幕府は、やがて不受不施派をキリシタンと同様の禁制の宗旨と定めたことから、地下に潜伏せざるをえなくなったのである。

一向宗徒のなかにも、陰で信仰を守って殉教した人たちがいる。戦国期から一向宗を禁制していた肥後人吉地方や薩摩領では「隠れ念仏」として伝統が維持されていた。この記録を丹念に掘りおこされた米村竜治氏の研究（『殉教と民衆』同朋舎）によれば、キリシタンの殉教者とは比較にならないほど多数の民衆が犠牲になっており、一家で数代にわたって殉教した毛坊主（得度を受けない半俗半僧の人）の例も紹介されている。彼らは「村の天皇」ともいうべき世襲の支配者であった。米村氏は、ムラの構造のなかに、天皇制の祖型と差別の問題との関連性を見出している。

権力が教義の解釈などについて、ある一つの流派に正統性を付与するとき、それに外れた者は異端として排除され、教団内ではもちろん、世俗的にも存在が許されなくなり、弾圧の対象となる。教義そのものの純粋性を現実に貫くことが困難な場合、その解釈をめぐって内部の対立が激化するが、宗教勢力自体も、俗権と対比すべき教権を確立していないから、みずから当否の判断を下すことは不可能である。結局、権力者との結びつきの強さによって、異端と正統とに分かれることになるが、宗教としての生命は、正統の側から離れる場合が多い。近世初頭におこった異端の周辺にも、同じような問題が伏在しているように思われる。

キリシタンの消長

布教方針をめぐる対立　イエズス会から派遣された宣教師たちが抱いた日本人観には、かなりの開きがあった。それは、日常の意識や態度にも反映し、布教方針についても対立をみせたのである。

天正七年（一五七九）イエズス会総長の代理として来日した巡察師ヴァリニアーノは、日本人が礼儀正しく、深い思慮と理解力を備え、道理を納得する国民であるから、将来は教会の統轄権も日本人に委ねるべきであると考えていた。それゆえ、日本人の修道士を積極的に登用して、説教や教理解説にあたらせるほか、修道院には少年の学校を設け、児童にラテン語教育を実施し、日本語の書物をローマ字で印刷出版することや、教区ごとに一〇〇名規模の神学校を造り、優秀な者はイエズス会にも迎え入れることなどを主張した。彼は二年半ほどの間に、九州全土から京都・安土まで足をのばしている。

これに対し、日本布教長のカブラルは、日本人修道士の司祭登用に反対で、ラテン語なども学ばせず、日本の風俗習慣に同化することを極端に避けようとした。彼は、異教徒に教えをひろめる手段として豊後の大友氏に接近し、内戦にも関与するような態度もみせた。貿易の利益で誘ったことは言うまでもない。しかし、ヴァリニアーノ来日の前年、大友氏は島津氏に耳川の戦いで敗れ、その直後に大友吉統は棄教したため、その立場は苦しくなっていた。

ヴァリニアーノは、宣教師を招集して布教方針について何回か討議を重ね、権力主義的態度をとるカブラルを解任し、日本の風習を重んじながら進めることを確認した。そして、豊後府内（現・大分市）に学院を設置してヨーロッパ人宣教師に日本語を学ばせ、布教の手引きとなる日本語の文法書・辞書などの作成を命じた。これによって、二年ほどの勉強で通常の会話ができ、直接に信者の告白が聴けるようになったといわれる。

畿内近国への布教は、司祭のオルガンティーノらによって精力的にすすめられていたが、信長と交渉して、安土に神学校が設立された。ここには、領主や身分の高い人の子弟が集められ、厳格な規則にもとづいて、ローマ字・日本字・ラテン語・音楽などのほか、キリスト教の信仰や教義についての教育がなされた。すでに有馬の日之枝《ひのえ》（日野江）城下にも神学校が造られていたが、同一の時間割によって聖職者養成がはかられたのである。

天正十年（一五八二）ヴァリニアーノは日本を去るにあたって、キリシタン大名である大友宗麟・有馬晴信・大村純忠の使節として四名の少年をローマ法皇のもとへ送っている。これは「天正遣欧使節」として有名であるが、ヴァリニアーノが日本での布教の成果を誇るために強引に演出したふしが強く、少なくとも大友宗麟は事前に計画を知らされず、彼が法皇らに呈上した書状は、イエズス会側で作成したものであることが明らかにされている。

ヴァリニアーノは、天正十八年（一五九〇）にインド副王の使節として再び日本を訪れるが、そのさいに印刷機をもちこんだ。これによって、キリシタン版といわれる書物がローマ字と国字で刊行され、今日では国語学などの貴重な史料となっている。師弟の問答形式で教義を解説した『ドチリナ・キリシタン』や、ファビアン不干斎がローマ字訳した『平家物語』、外国の寓話を集めた『伊曾保《イソップ》物語』などが有名である。

南蛮流の外科医術　活字印刷によるキリシタン版の出版は、約二〇年続いたが、禁教政策がすすむにつれ消滅した。天文学・地理学・医学など西欧自然科学の系列でとらえるべき学問も、同じような運命をたどり、近代社会の到来とともに再輸入されて普及・定着をみたのである。

外科手術として有名な南蛮医学も、わが国に根を下ろすことができなかった。これまで薬草の塗布により刀矢の傷を手当していたが、鉄砲の伝来によって、弾丸の摘出が必要となり、銃創は糸で縫い合わせなければならなくなった。鉄砲と同時に、南蛮医学がひろまったことは当然のこととは言え、皮肉な一面をのぞかせている。

通説では、ルイス・デ・アルメイダというポルトガル人外科医が、弘治《こうじ》三年（一五五七）豊後府内に病院をたて、医療にあたったと言われる。彼はフロイス『日本史』などには修道士として名前が出てくるが、医者としての活動については記されていない。『明治前日本医学史』（日本学術振興会刊）によれば、当時の西欧の医学水準は低く、ルネッサンス期までは、実際は西暦二世紀程度のものでしかないというから、外科医としてのアルメイダの力量がどの程度であったかはわからない。のちにイエズス会は、宣教師が医療活動をすることを禁止したから、公式の記述に現われないのであろう。また、日本人のなかで技術を受け継ぐ者はおらず、やがて消滅していったのである。なお、当時は中国流の医学も入ってきており、『医学大全』という明《みん》版の書物などが出版されている。

ルイス・フロイスが『日欧文化比較』のなかで、当時の病気や医者などについて書いている点は意味深い。「われわれの間では、医者が薬屋のために処方を書く。日本の医者は、自分の家から薬を届ける」という点は、その社会的なあり方の違いを的確に表現しているように思われる。ヨーロッパでは、早くから医薬分業体制ができているのに対し、日本の医者は古代から〝薬師《くすし》〟と呼ばれ、秘伝の妙薬を調合することが治療技術のほとんどすべてだったのである。「われわれの間では、医者は試験を受けていなければ、罰せられ、治療をすることはできない。日本では、生計をたてるために、望む者は、ふつう誰でも医者になれる」は、痛烈な見方と言えよう。江戸時代の医者は、儒者や神職・僧侶などが兼ねることが多かった。

南蛮流の外科医術として特記されているのは、傷口の縫合・瀉血療法《しやけつ》（小刀で切り開いて余分な血液をとる）、焼灼法《しようしやく》（膿や潰瘍を火で焼く）などである。これらは、漢方で用いる場合もあるが、ふつうは灸《きゆう》や水蛭《みずひる》・膏薬《こうやく》などが使われていたので、あえて対比的にとらえたのであろう。注射や抜歯など、双方で行なわれているものも、使用器具や手順などに相違がみられる。「日本人は、われわれの外科の苛酷な治療を受けるよりも、死ぬことを選ぶだろう」も、おそらく事実であったと思われる。

病気に対する考え方の違いを端的に示すものとして興味がもたれるのは、食餌療法の記述である。ヨーロッパでは、病人に鶏肉などを多く与え、食欲がない場合には、無理にでも食べさせようとするのに対し、日本では、魚と塩漬の大根などを与えるだけで、無理には食べさせないとしている。漢方医学は、薬の効力を損なわないよう、病人の食物制限を重要視したが、結果として、医者にも患者にも、薬に対する過信をつのらせ、自然の回復機能を軽視する風潮をもたらしたと言うべきであろう。

キリシタン宣教師とともに入ってきた南蛮医学は、鎖国体制下ではオランダ系の紅毛《こうもう》医学に席を譲った。蘭学は江戸時代を通じて著名な医者を輩出したが、そのなかに南蛮医学の伝統が、どの程度生かされているかはわからない。系譜的には両者は無関係で、明白な断絶がみられるのであるが、混同して説明される場合もある。おそらく、医療技術の面で、両者が共有する基盤は、かなり広かったと思われるのである。

背教の論理　宣教師の書簡や報告書のなかには、日本とヨーロッパとの生活慣習や風俗などの差異について、鋭い指摘がみられるが、われわれが盲点を衝かれた思いをするのは、おそらく、当時の人もほとんど意識しなかったであろうような、平凡で日常的な事象が記述されていることである。
通常、われわれが読むことができる文書や記録は、なんらかの目的をもって作成されたもので、戦争とか裁判といった特別の事態が契機となる場合が多い。平穏な関係が保たれているときには、かえって記録に残らない。この点に注意を払わないと、日常性のなかに潜んでいる論理を見落とす結果にもなる。宣教師の目でとらえた日本人の風習や意識は、ヨーロッパ人には新奇に映る場合があるので、その立場上からくる制約や誤解などを差し引いても、かなりの程度まで当時の実情が描かれているように考えられるのである。

「われわれの間では、教えに背いた者は背教者・変節者とされる。日本では、望みのままに幾度でも変節し、少しも不名誉としない」

「われわれの間で、叛逆はきわめて稀で、大いに非難される。日本ではありふれたことなので、ほとんど非難を受けることはない」

フロイスは六〇〇項目にもわたって、日欧の比較を行なっているが、この宗教意識や忠誠心の問題についての指摘は、意外の感をおこさせるのである。全体としてフロイスの記述には、誇張や誤解とみられる個所があり、この部分の表現にもそれが感じられるが、フロイスが当時の日本人の意識を、このようにとらえたこと自体を、素直にうけとめる必要があろう。

このころは、下剋上の風潮がさめやらぬ時期であるとは言え、一方では主従制の論理が貫徹しており、反逆そのものを容認するような社会状況ではありえなかった。ヨーロッパ封建社会では一般的にみられるが、複数の封主から知行をうける家臣の存在は、わが国では考えられず、知行授受に伴って生ずる双務的な誠実契約を、主人の側が守らなかった場合、家臣から契約を破棄し、反抗権が生ずるといった事態も、ほとんど想定できなかったのである。

しかし、丸山真男氏が指摘しているように（『近代日本思想史講座』6）、忠誠と反逆は対立命題ではあるが矛盾命題ではなく、反逆は不忠誠の表現形態の一つにすぎないとするならば、殉教と棄教の問題は、二者択一の次元でとらえるべきではないであろう。多元的な忠誠の選択の前に立たされ、一方の原理・人格・集団への忠誠が、他方への反逆を意味するような場合、人格の内面的緊張をひきおこしたのであろうから、この点が掘り下げられなければ、思想史として意味をもたない。しかし、絶対神デウスに対する不忠誠が、ただちに反逆となるとすれば、はじめから問題とはなりえなかったのである。

日本人はキリスト教を、天竺渡来の仏教の一派としてとらえ、神儒仏の混合思想のなかに包摂した。教会側は、当初はこのような風潮を利用して布教につとめ、のちにはこの誤解をとくことに懸命で、教義説明などでは改められたが、一般民衆には、彼我の神の差異が、どの程度に認識されていたかはわからない。殉教すれば、天国（ハライソ）の寺に詣ることができると思いつつ苛酷な拷問に耐えた人々は、どのような神を胸中に描いていたであろうか。

あらゆるものを含みこんだ混合思想からは、変節も背教もおこりえない。キリシタンが土着化の途をたどれば、それだけ教圏も拡大し、信徒も増すであろうが、本来の教義からの乖離は著しくなる。そのような思想としての純粋性を貫こうとすれば、弾圧をうけることは必至で、将来は絶望的である。そのような場合、他にいかなる道が残され、どのような客観的意義をもつかが問題となる。

武田清子氏は『背教者の系譜』（岩波新書）で、これを正統と異端としてではなく、その中間のものとしての範疇化を試みた。キリスト教会の正統から自発的に離れながら、土着思想に帰るのではなく、そこで投げかけられた人間観・歴史観・社会観などを、正統派が作った枠を自由に踏みこえて、日本という非キリスト教文化のなかで、深く創造的に生きた背教者として、有島武郎・正宗白鳥・柳宗悦・木下順二氏らを取り上げている。

戦国期から近世初期の一面を華やかにいろどり、異なった価値観を各方面にひろめ、やがて歴史の表面から姿を消していったキリシタンは、近代的自我の未確立な当時の社会に、いかなる問題を投げかけたであろうか。織豊政権をなかにはさんだ一六世紀中期からの一〇〇年間は、キリシタンの世紀でもあった。この間に生起したさまざまな事象をとらえ、個々の史実を確定し、それぞれの内的連関を明らかにして論理の脈絡をつけ、豊かな歴史像を構成していくという課題が大きく横たわっている。

終章　死生観をめぐって

鉄砲とキリスト教の渡来　本書がたどってきた織田・豊臣政権の時代は、十六世紀中葉に南蛮世界からもたらされた鉄砲とキリスト教によって刻印づけられている。強大な殺傷力を備えた鉄砲は、神のもとでの平和を説くキリシタン宣教師の布教活動と密接に結びついて普及していった。ここでは、それによって当該社会がいかなる影響を受け、どのような課題を残したかについて考察したい。

文芸作品の空白期　この時代は、絢爛《けんらん》豪華な安土桃山文化に彩られている。支配者の富と権力を象徴するかのように聳《そび》えたつ城郭、それに華を添える雄大な襖絵、異国情緒を漂わせた南蛮屏風、精緻な技巧を施した蒔絵など、いずれも時代精神を象徴する豊かな個性をもって、今日の我々に語りかけている。

しかし、文芸作品に目を転じたとき、これに匹敵するような成果を見出すことができるだろうか。荒木良雄『安土桃山時代文学史』（角川書店、一九六九年）を繙《ひもと》けば、具体的な作品について知ることができる。著者はこの時代の流れを「全体の情緒をうつす象徴的表現方法」と認識し、「死滅衰退と生成興起の間にある時代の文学」について丹念に掘りおこしている。現在においても多方面から研究が行われているから、「文芸不毛の時代」などと軽々しく口にすべきでないと思われる。

とはいえ、高等学校の教科書から文芸についての記述を探せば、室町時代の御伽草子から、西鶴・芭蕉・近松らが輩出した江戸時代中期の元禄文化の説明に続くのが一般的である。やや詳しく述べた場合でも、その中間に寛永文化をおき、貞徳・宗因らを例に和歌・俳諧・連歌が取り上げられる程度で、安土桃山時代は全くの空白となっている。源平の抗争にはじまる中世社会の開幕期には『平家物語』のような優れた叙事文学が生み出され、琵琶法師と呼ばれる盲目の芸能者によって語り継がれた。南北朝内乱期には『太平記』が著述され、講釈師によって各地に広まっていった。だが、十五世紀後半から一世紀にも及んだ戦国争乱の時代には、下剋上をめぐるドラマが全国的規模で華々しく展開されたが、それが文芸の次元に昇華されず、人々に感動を与えるような作品に結実しなかった。美術・工芸部門における盛行ぶりと対比するとき、落差が大きいことは認めざるをえない。

平家物語　文学にそれほど強い関心を抱かなくても、『平家物語』の冒頭の一節を諳《そら》んじている人は多い。はるか昔に学校で習ったときの記憶が、何かの折りにふと蘇《よみがえ》り、思わず口をついて出るのであろう。私の近くにも、エンジニアとして定年を迎えたのち熱心に『平家物語』の講座に通っている友人がいるが、数ある古典文学のなかで、これほど多くの人に親しまれ感銘を与え続けた作品は思いあたらない。そこには日本人の心情をとらえる何かがあるように感じられる。人生の折り返し点を過ぎた人にとっては、みずからの来し方と重ね合わせて、それぞれの場面を読み解くこともできるだろう。

『平家物語』が高い文学性を備え、時代を超えて訴えかける力を感じさせる理由は、乱世を必死にくぐり抜けた人々の生きざまと、死が迫り来る場面の描写に迫真力が感じられるからであろう。そこには、武人としての誇りを失わずに生涯を全うした人はもちろん、斬首・謀殺・入水・自害といった、この世に未練や恨みを残しながら消えていく人の姿も描かれている。また、配所ですごす無念の日々、出家・遁世のような現世からの離脱、自らの生命が尽きることを神に祈る場面もみられる。いずれも、去りゆく人への限りない哀惜の情が、来世での救いを暗示させる無常観や鎮魂の祈りとなって響いてくるようで、それが人々の共感を呼び、涙を誘ってきた理由であろう。

『信長公記』に描かれた信長の最期

ところで、織田・豊臣時代を代表する文芸作品に、死の場面はどのように描かれているだろうか。信長・秀吉という天下人の生涯を記述した太田牛一『信長公記』（奥野高廣・岩澤愿彦校注、角川文庫）と、小瀬甫庵『太閤記』（桑田忠親校訂、岩波文庫）を採りあげて検討したい。

信長は天正十年（一五八二）六月二日、本能寺の変によって死を遂げるが、『信長公記』にその場面は淡々と描かれている。明智光秀の軍勢に包囲されたことを知った信長は、「是非に及ばず」と心を落ち着かせながら先ず弓で応戦し、弦《つる》が切れてからは鑓《やり》で戦ったが、肘に傷をうけて引き下がり、殿中に火を放って自害し果てた。この間の動きは、あたかも情景描写のような口調で語られている。

そして、「御姿を御見せあるまじきと思《おぼ》しめされ候か、殿中奥深く入り給ひ、内よりも御南戸《なんど》（納戸）の口を引き立て、情けなく御腹めされ」で文章が結ばれている。筆者の太田牛一は信長に仕えた弓衆で、成立は慶長三年（一五九八）頃とされている。信長を熟知する伝記作家としての牛一の記述の信憑性は認められているが、これを文学作品として高く評価する人は、どれだけいるだろうか。

この事件の噂が信長の居城である安土へ流れたときの模様は、さらに印象的である。「安土には風の吹く様に、明智日向守謀叛にて、信長公・中将信忠卿御父子、御一門、其外歴々御腹めされ候由《よし》、御沙汰これあり。上下この由承り、言葉に出して大事と存知、初めの程は目と目を見合せ、騒立つ事大方《おおかた》ならず」と、当初は真偽が確認できないまま狼狽したようであるが、やがて京から下男衆が逃げ帰って来て事件が知らされたとき、人々は「身の介錯《かいしゃく》（身辺整理）に取紛れ、泣き悲しむ者もなし」という状態であった。そして、日頃の蓄えや家財道具を打ち捨て、妻子ばかりを連れて本国である美濃や尾張へ落ちのびていったという。予想もしなかった事態で城下が大混乱に陥っている様子は伝わってくるが、天下人である信長の最期を描いた文章としては、やや寂しい感じがする。

もちろん、『信長公記』と『平家物語』とを単純に比較することはできない。『平家物語』は琵琶法師によって、あたかも死霊に依《よ》り憑《つ》かれたほど真に迫る姿で語り継がれたが、そのような口承の世界から正本としての文字化や音曲としての固定化がはかられたのである（山下宏明「『平家物語』の語りを［読む］ということ」〈『国文学　解釈と鑑賞』九六二号、二〇一一年〉）。

それに対し、『信長公記』のような天下人の一代記は、軍記物として語り継がれることが許されない状況下にあった。「語り」によって文体が洗練され、リズミカルに読者の脳裏に焼きつけられるような形に転化することは期待すべくもない。太田牛一は、体験を共にした主君が上洛後の十五年に刻んだ足跡を十五章にまとめ、さらに上洛以前の尾張・美濃時代を巻首として付け加えた。ありのままの姿で事蹟を書き留めようとする態度に貫かれ、描写は克明で気迫が感じられる。『平家物語』と成立事情を異にする立場から、その文学的価値が評価されるべきであろう。

秀吉の死を描かない『太閤記』　豊臣秀吉は慶長三年（一五九八）八月十八日に伏見城で生涯を閉じるが、『太閤記』には秀吉の死について全く記されていない。著者の小瀬甫庵は豊臣秀次に出仕した儒者で、のち加賀の前田家に召し抱えられた。寛永二年（一六二五）十二月の自序が記されている。

秀吉は晩年に関白職を甥の秀次に譲ったが、その後も太閤として政治の実権を握り、「唐入り」と号して朝鮮に大軍を送りこんだ。その最中である慶長三年三月には、正室の北政所を喜ばせるため醍醐で盛大な花見の宴を催している。秀吉は上機嫌で、終了後には寺や門前の人々をはじめ、大坂城や伏見城の普請衆にまで金品や酒肴が振舞われた。しかし、そのときの模様が詳しく述べられた次には、慶長元年に来日した明国の使節との和議交渉が描かれ、ついで土佐湾にイスパニア船が漂着したサン・フェリッペ号事件、さらにその前年にあたる文禄四年（一五九五）の秀次事件の顚末と、年次を遡らせた記述が長々と続き、家臣の評伝や「八物語」という関係のない話題が挿入されたうえ、最後は前田利家邸で行われた秀吉の遺物が分配されたことで締めくくられている。いずれにせよ、秀吉が息を引き取る場面は全く登場しない。

『太閤記』がこのように不可解な構成をとった理由は、あまりにも明白である。著者の甫庵には、秀吉の最期の場面を描くことができない客観的事情が存在したからである。

死の床についた秀吉は、枕辺に徳川家康らの宿老を呼び寄せ、いまだ幼少の嗣子秀頼をもりたて、豊臣家の繁栄をはかるよう頼みこんだ。いわゆる「五大老・五奉行」の制度が設けられたのはその折のことである。そして、心情を吐露した遺言と辞世の和歌を残すが、この間の動きは、天下人として波乱にみちた人生の幕をおろすにふさわしい劇的なものだったと思われる。伝記作者の眼で見渡せば、これほどお膳立てが揃った素材はないから、ある種の興奮を感じながら筆を執りはじめたに違いない。しかし、儒者としての甫庵は思いとどまった。もしもありのままに叙述したならば、後事を託された家康が、主君の遺命に背いて大坂夏の陣で豊臣家を滅亡に追いやったという事実を浮かび上がらせ、読む人に暗示を与えるからである。このような主従道徳に反する行為は、儒者として容認できない筈であるが、現実の支配者となった徳川家への謀叛をあおる結果につながり、身に危険が及ぶことが十分に予想されたのである。

甫庵は見事なまでに筆を曲げた。「五大老・五奉行」制についていえば、前者は、巻末に「大年寄」という組織が文禄四年の秀次事件後に定められたと、ほぼありのままに述べておきながら、後者は、秀吉が天正十三年（一五八五）七月に関白に任官する際、職務の執行機関として設置されたという大胆な歴史の偽造を行ったのである。ほかにも、史実と食い違った記述は数多く認められる。

甫庵が故意に行った史実の改変は、一九三五年（昭和十）に桑田忠親氏が指摘するまで気付かれずにいた（桑田『豊臣秀吉研究』角川書店、一九七五年）。東京大学史料編纂所が『大日本史料』を編纂するための草稿として作成した「史料稿本」でも、『太閤記』を基本に据えて史料の取捨選択が行われた形跡が見られるから、その影響は無視できないものであったといえよう。

ちなみに、元和七年（一六二一）頃の成立とされる『川角《かわすみ》太閤記』（『改訂史籍集覧』第十九冊）では、秀吉が方広寺大仏殿の本尊に据えた善光寺如来像を、死の直前に本国の信濃へ返還したという慶長三年八月の記事（一七五ページ参照）に続けて、「十八日太閤様御他界成られ候事」と、秀吉の死を僅か一行で片付けている。著者の川角三郎右衛門は、のちに筑後柳川藩主となる田中吉政の家臣で、天正十年（一五八二）の本能寺の変で信長が没してから、慶長五年（一六〇〇）の関ヶ原の戦いで徳川家康が制覇するまでを、自らの体験をもとに聞書き風の筆致で叙述している。

墳墓の地を切り離した鉄砲の威力　戦国争乱の時代は一世紀に及んだが、それにもかかわらず『平家物語』に匹敵するような文学作品を生み出さなかっとするならば、その間に日本人の意識や死生観に何らかの影響を与えるような変化がおきたと考えるべきであろう。織田・豊臣政権は、このような歴史状況の中から成立したのであるが、それを内面的にとらえる努力をしないまま時代像を描こうとしてきた結果、歴史感覚との間に隙間を生じさせたといえよう。

鉄砲の普及は築城様式にも変化を及ぼした。当時の城郭の殆どは山城であるが、当然ながら鉄砲への備えは想定されていなかった。しかし、いかに要害堅固な場所に築かれていても、至近距離から銃弾が撃ち込まれれば、手の施しようもない無防備状態となる。山城は、先祖が原野を開発して住みついたことを象徴する墳墓の地であったが、それを捨てて平野部に移り、周囲に濠をめぐらせた平城で鉄砲による攻撃に対処したのである。

戦闘が個人戦から集団戦へと移行するにつれ、文書の様式面にも変化が生じた。かつての武士は、主人の命をうけて参陣し、みずから立てた戦功を上申する「着到状」・「軍忠状」を主人に提出し確認を受けた。それが後日に恩賞や所領安堵を求める際の証拠となったのである。しかし、戦闘形態が集団化してからは、あらかじめ定められた「陣中条目」をもとに、武士は奉行人の指図に従って行動することが求められた。すべては軍監（目付・横目）の評定によってて褒賞や処罰が行われ、個人の才覚で手柄を立てても軍紀違反とみなされるようになった。合戦に際して、総大将は配下の軍勢を効果的に配置した「陣立書」を作成し、それに基づいて作戦を立てるように変化していく。

「南蛮宗」とみなされたキリスト教　キリスト教は、唯一絶対神を信奉し難解な教義をもつ外来宗教であるが、当時の日本人は、日ごろ慣れ親しんでいる仏教の一派として受容したふしがみられる。それは、天下人である秀吉のキリシタン認識からも窺うことができよう。

秀吉はキリシタンには好意的態度を示していたが、天正十五年（一五八七）六月十九日に突如として博多で宣教師追放令を発布した。九州地方の一部におけるキリシタン信徒の動きに脅威を感じたことが理由とみられる。その前日にも秀吉は伊勢神宮に長文の通達を出している（一七七ページ参照）が、身分の高い者がキリシタンに改宗する場合は許可が必要だが、一般の者が自発的に入信することは「八宗九宗」であるから差支えないと、あたかも信教の自由を容認するかのような条文も含まれている。ここでいう「八宗九宗」とは、当時の仏教には八つの宗派あるが、そこへ新たにキリシタン（南蛮宗）が加わって九宗になる程度だから気にとめる必要はない、という意味である。これが秀吉のキリシタンについての認識であるが、おそらく信長も同様の理解だったと思われる。

『神国日本』　唯一絶対神を信じる立場からは、日本人が抱く神の実体は捉えにくいであろう。その意味から、ラフカディオ・ハーンが一九〇四年（明治三十七）に著した『神国日本』（平凡社〈東洋文庫〉、一九七六年）は、その秘密に迫ろうとした貴重な記録である。

ハーンはギリシャに生まれたが、一八九〇年（明治二十三）に松江中学の英語教師として赴任して日本人女性と結婚し、小泉八雲と改名した。そして「怪談」など日本の歴史や伝承を素材とした作品を数多く発表しながら、日本人の生活意識や深層心理について理解を深めていった。英文学者としても著名で、のちに幾つかの大学に出講している。

タイトルが異様な感じを与えるが、国家神道や軍国主義を論じたものではない。日本人の意識の根底に潜むものの解明を意図したもので、ここでいう「神」とは、神とも仏ともいえない祖霊的なもので、祖先崇拝の伝統を指している。

本書が刊行された頃の日本は、日清・日露戦争の勝利に酔いしれていた。「眠れる獅子」と呼ばれた清国や強大なロシア帝国を、小国の日本が倒すとこは全く予想外の事態だけに、欧米人は強い衝撃をうけ、日本についての関心が高まった時期である。とくに日本人が死を恐れぬ強い精神力をもって果敢に戦ったたことは脅威で、その謎を解くことが緊急の課題とされていた。

ハーンが考えついたのは、日本人にとっての「神」の恐ろしさであった。その神とは、家庭の祭祀(屋敷神＝御先祖様)、地域の祭祀(村の鎮守＝氏神様)、国家の祭祀(皇祖神＝伊勢神宮)の三重構造から成っており、ほかに、もう一つの祖先崇拝といわれる技能や職業をつかさどる神々(同業組織の生業信仰のほか、水神や台所の竈神《かまど》＝荒神《こうじん》様なども含まれる)があるが、いずれも死者の魂を基本にすえたもので、これが日本人の心を根底から支える強さの秘密なのである。

このような土壌のうえに、異質の価値観をもつ思想が入ってくれば、どのような結果を招くであろうか。ハーンによれば、戦国時代なかばに渡来したキリスト教は、日本人の伝統的な思考について全く無理解で、かたくなに攻撃的態度をとり続けたばかりでなく、領土的野心さえも抱いたので、「災厄」にほかならなかった。それから遁れるために、幾万という尊い人命が犠牲となり、無慈悲な殺戮が続けられたというのである。だから、一時的にせよこの時代にキリスト教の布教が成功したことは理解に苦しむところであった。随所にこのような問いかけが記されている。それは同時に、あれほど華やかな拡がりをみせたキリスト教が、なぜ急速に姿を消し、この地に根をおろすことができなかったかという疑問につながるであろう。それへの回答として、江戸幕府の苛酷な禁教政策を提示することでは不十分である。同じような条件下にあった中国や朝鮮でもキリスト教徒は迫害をうけたが、信仰の伝統は失われなかった。それが近代社会をきりひらく原動力となり、主体的立場を守る際の拠り所たりえたからである。

カミ・ホトケと祖先崇拝の観念　鉄砲という破壊力の強い武具が出現したことは、支配階級の意識に変化を生じさせた。誇りある侍身分を象徴する刀は、実際の戦闘に際して、足軽が手にする鉄砲に全く及ばないということを実感させられたのである。合戦形態の変化は、他者の死について思いやる気持を薄くし、それが文芸作品に反映したとしても不思議ではない。

しかし、たとえ墳墓の地を離れたとしても、人々は祖先崇拝の観念を捨てていない。新たな土地で先祖供養は欠かすことなく続けられ、祖霊は守られてきた。死者が遺した現世での足跡は記憶のなかで生き続けており、断絶を生じさせなかった。キリスト教の伝来によって信仰心という内面が揺さぶられても、これについては微動だにしなかったといえよう。

キリスト教の伝来が、日本人の意識に影響を与えたとしても、それが死生観にまで及んだとは考えられない。魂の救済を個人の信仰の次元でとらえ、死後の世界との間に厳しい断絶を認めるキリスト教が、先祖の霊とともに生き、万物に宿る神々に素朴な祈りを捧げる日本人の中に根をおろすことは不可能に近かったと思われる。

この点についてはキリシタン側も気付いていたようである。さきに記した秀吉の「宣教師追放令」には、キリシタン信徒が神社仏閣を破壊したことを非難する条項が含まれているが、その「神社仏閣」とは何を意味したであろうか。通常の語感では、破壊の対象となる神社仏閣としては「荘厳な宗教的建造物」をイメージするであろう。

この秀吉の命令は朱印状として宣教師に手渡され、ポルトガル語に翻訳されたが、当該箇所はCamis & Fotoques となっている（新異国叢書『イエズス会日本年報』下、雄松堂書店、二三三頁）。神社仏閣を「神や仏の殿堂」ととらえ、あえて日本語でカミ・ホトケを複数形で表示している。日本の神はGODと異なる多神教であることを的確にとらえたといえよう。ただ、ハーンが指摘したように、キリシタンは日本人の死生観や祖先崇拝について無理解で、強引に一神教に改宗させようと企てたことに問題の根源にあったといえよう。

死者の霊魂は肉体から離れて山上にのぼり、子孫を見守るという伝承は、ひろく各地に残され、日本人の固有信仰の問題として関心を集めているが、「端山《はやま》信仰」はそれを分かりやすく説明しているように思われる（岩崎敏夫『東北民間信仰の研究』上・下、名著出版、一九八二・八三年）。

端山（葉山、羽山）とは村の周囲にある小高い山（里山）である。山に棲む祖霊は農業神で、春には田の神となって里に下って農耕を手伝い、秋の収穫後、祭りに送られて山に戻って春の到来を待つ、というものである。また、祖霊は正月や盆にも家々に帰り、子孫と共食して歓をつくすとされている。祖霊は俗界を脱した清浄な神であるが、死には穢れの観念がつきまとう。この点については、死者の霊は先ず森に集まり、穢れがある間は低い山にとどまるが、子孫の供養をうけて徐々に高い山に移り、三十三回忌（あるいは五十回忌）の弔い上げ（最後の法事）ののちホトケからカミへ転化すると説明されている。それは、鉄砲もキリスト教も及ばない、日本人の死生観の根底にあるものと思われる。

【付記】この終章は、本書が吉川弘文館から復刊される際に加筆した。内容の一部は、二〇〇〇年六月に同朋大学で開催された『説話文学会』大会で述べている。

おわりに

『神神の微笑』という芥川龍之介の小品がある。発表されたのが一九二二年（大正十一）であるから、『奉教人の死』を書いてまもない時期の作と思われる。宣教師オルガンティーノがある春の宵、京都下京にある南蛮寺の庭を散歩していると、一人の老人に出合う。彼は、自分はこの国に住む霊の一人だと名乗り、あなたがひろめようとしている天主教の神デウスも、この国ではわれわれに勝つことができないだろうと話しかける。全能のデウスが負けるはずがないと応酬するオルガンティーノに対して、老人はさらに続ける。われわれの力は、破壊する力ではなくて、造り変える力なのです。孔子・孟子・釈迦など古今の偉人をはじめ、文字にせよ中国の伝説にせよ、また、ユリシーズが百合若大臣になったように、ギリシアの物語までもこの国のものに化してしまう不思議な力をもっています。デウスも、おそらく同じ運命をたどるでしょう。このような意味のことを述べたあと、「我々は木々の中にもいます。浅い水の流れにもいます。薔薇の花を渡る風にもいます。寺の壁に残る夕明りにもいます。何処にでも、又何時でもいます。御気をつけなさい。御気をつけなさい。……」と言い残して、老人は夕闇のなかに消える。

堀田善衛氏の『海鳴りの底から』は、著者の戦時体験をもとにした、この文章の受けとめ方からはじまっている。また、遠藤周作氏の『沈黙』は、穴吊りという残酷な拷問によって棄教した宣教師フェレイラの言葉として、次のように語らせている。「……この国は考えていたより、もっと恐ろしい沼地だった。どんな苗もその沼地に植えられれば、根が腐りはじめる。葉が黄ばみ枯れていく。我々はこの沼地に基督教という苗を植えてしまった」「……この国の者たちがあの頃信じたものは我々の神ではない。彼等の神々だった。それを私たちは長い長い間知らず、日本人が基督教徒になったと思いこんでいた」「……基督教の神は、日本人の心情のなかで、いつか神としての実体を失っていった」

わが国に渡来した宣教師は、絶対神の力で異教の神々から魂を救済しようとして、戦闘精神にもえていたのであるから、武力を背景に改宗を強行するか、伝統風習を重んじながら徐徐にすすめるかといった点は手段の問題で、日本全土のキリスト教化という目的は一致していたと思われる。それゆえ、いまは玉峯寺という禅宗寺院になっている島原半島の口之津の教会などで開かれた宣教師会議では、方法上の問題をめぐって激論がたたかわされたであろう。また、宣教師が共通して対決しようとした悪霊は、イスラム教など他の異教文化圏の神神よりも、とらえどころのないものであるため、かえって手強《てごわ》かったのかもしれない。

辻邦生氏の『安土往還記』は、主人公を、航海冒険を職とし、射撃の技術にすぐれた世俗者に据えることで、キリシタン的な視野の制約からも自由になっているが、登場人物は、敵味方の双方に武器を売りつける堺の商人とか、仏に仕える身でありながら職業的戦闘員でもある石山本願寺の僧侶など、これまでの価値基準では律しきれない者が多い。何よりも、異教徒でありながらキリシタンに好意をもつ信長の複雑な人間像を通じて、この時代の性格を描こうとしているのである。

このように、鉄砲とキリスト教に象徴される戦国末期から近世初頭は、一つの原理では説明できない多彩な内容をもつ社会であるが、しばしばシンクレティズム（syncretism）という宗教用語を借りて説明されてきた。この言葉は、「異なる信仰または崇拝の混淆・折衷、或いは異なる教義・儀礼の添加をいう」（『広辞苑』）もので、わが国の両部神道（真言宗の教理にもとづいた神仏習合思想で、本地垂迹説の根底をなす）もその一例に加えられている。

同じ現象が「アジア的」と理解されることもあった。これは、キリスト教を媒介とするヨーロッパ社会に、普遍的なものを考える伝統が強いということを前提に、日本を含めたアジア社会の歴史的性格を説明するさいに、しばしば用いられてきた言葉である。たとえば、アジア的専制国家・アジア的共同体・アジア的停滞性といった表現は、戦前から多くの論著に見出される。脱亜論なども、これの裏返しにすぎない。

問題は、用語法の適否や、価値の基準をどこに据えるべきかといったことではない。ただ、これまでのところ、ともすれば「アジア的」なことの確認や強調におわってきたために、その内容・実体をとらえることが手薄だったのではないだろうか。ヨーロッパ的なものと対比する発想への反感が、特殊アジア的・日本的な天皇制に普遍的価値を見出すような傾向さえも生んだとも言えるであろう。われわれにとって必要なことは、もろもろの歴史事象を、アジア的という修飾詞を冠して説明するのではなく、その本質は何かを解明するための問題視角を構築することであろう。その手掛りは、少しずつではあるが与えられてきているように思われる。これまで領主制論・主従制原理で一元的に理解されてきたことがらが、それとは異質の、伝統的な国家の枠組み（国郡制的支配原理）を媒介として考えなければならないということなども、その一つに挙げられよう。なかには、仮説的な問題提起も含まれ、今後の検討に委ねられる点も多いのである。このような場合、論証過程のなかにおいて「アジア的」という言葉を用いると、すべてがこれに収斂され、かえって論理の発展を閉ざす結果になりかねない。「シンクレティズム」およびその類義語も、現象を巧みに表現しているがゆえに、問題の本質をあいまいにする危険をはらんでいるように思われる。

織豊政権の時代が、わが国の歴史のなかに占める位置は、非常に大きなものと言えよう。おそらく明治維新前夜や、敗戦直後の激動期にも匹敵するような、歴史上の転換の過程でもあり、民衆のエネルギーが華々しく躍動し、いろいろ可能性を秘めた時代だったであろう。

これを一つのドラマにたとえれば、主役は信長と秀吉である。彼らの強烈な個性が、この時代に強い刻印を残したことはいうまでもない。信長を主役に、濃尾平野の場面からはじまり、やがて舞台の中心は畿内近国へと移っていった。さらに全国へとひろがるころ、主役は秀吉に交代したが、ラストは、あわや朝鮮・中国にまたがるかにみえた。しかし、この番外劇は、演技が終わりきらないうちに、突如として幕がおりたのである。

このドラマは、二人の主役のほか、芸達者な脇役を多く配していた。加藤清正らの武将たちは、いずれも豊かな個性を備え、十分な技量をもっていた。主役と脇役との関係は複雑で、脇役相互の間でも、ときに敵対し結びつくといった軌跡を描いており、どの一つを取り上げても、一編のドラマの筋書きに仕立てられるほどの内容をもっていたのである。彼らは、舞台の上では脇役であるが、脇役のさりげない演技の積み上げが、舞台を引き締め、盛り上がらせたと言えよう。彼らの背後には、歴史上の舞台に名を記すことなく没していった多くの武将たちの影が、長く尾をひいていた。

また、このドラマは、文字どおり土に生き、土に還っていった農民や、山野河海や市町を生活の場として生きぬいた漁民・商人・職人、さらに名子・被官・下人といった隷属民などによって構成されていたのである。彼らは役者であるよりは裏方で、華やかなスポットライトを浴びることはめったになかったが、ドラマの主要な担い手であった。しかし、彼らの日常的な営みについて、歴史上の舞台の進行とあわせて、その役割の重さを認識させるような作業は、あまり行なわれてこなかったのが実情ではないだろうか。主要な役者の名前しか書かれていない、古びたプログラムの断片から、舞台の全容を復元する仕事が、われわれの歴史学に課せられている。やがて、彼らを主役とするドラマが、現実の舞台で上演される日のために、彼らの残した足跡を、ありのままの姿で掘りおこしていくことが必要であろう。

四〇〇年まえの史料を手にするわれわれは、たんなる時間的な隔たり以上に、近代と前近代との発想や認識の違いに戸惑ってしまうのである。この超え難い断層を間にはさんで、客席から舞台をみつめるわれわれは、ともすれば、断層がないもののように錯覚し、自分勝手な像を描いてしまいがちであるが、せめて、脇役や裏方の目で、その歪みを少しでも小さいものにしていきたいと思う。

研究の手引

一　前提として、戦国期の評価に関するもの

①勝俣鎮夫『戦国法成立史論』（東大出版会、一九七九）
②藤木久志『戦国社会史論』（東大出版会、一九七四）
③永原慶二ほか編『戦国時代』（吉川弘文館、一九七八）
④今谷明『戦国期の室町幕府』（角川書店、一九七五）
⑤井上鋭夫『一向一揆の研究』（吉川弘文館、一九六八）
⑥新行紀一『一向一揆の基礎構造』（吉川弘文館、一九七五）
⑦中世の窓同人編『論集　中世の窓』（吉川弘文館、一九七七）

①は楽市・徳政・地起・国質など中世社会に特有の現象を解明したもので、精緻な史料解釈にもとづいている。笠松宏至『日本中世法史論』（東大出版会、一九七九）も近似した問題関心によっている。②は在地領主制や貫高制などを論じ、戦国期を荘園体制社会の末期と規定している。③は日米の研究者がハワイで討論したものの記録で、内容は織豊期におよぶ。④は五山の禅宗寺院を経済基盤とする室町幕府が、信長上洛の直前まで畿内を実質的に支配していたことを論証している。今谷『言継卿記』（そしえて、一九

八〇）は、公家の記録を素材に、同じ時期の禁裏や洛中洛外のようす、さらに三好・松永政権や堺幕府の動きをとらえている。⑤は北陸一揆を中心に、本願寺教団の構造を分析したもので、一揆の類型と特質に触れている。笠原一男『一向一揆の研究』（山川出版社、一九六二）と併読されたい。⑥は松平氏の領国支配構造の展開過程を、三河一向一揆との関係で論じたもの。⑦は秋沢繁「天正十九年豊臣政権による御前帳徴収について」など一一編の論文を収める。

二　この時期を概観するもの

①藤木久志『織田・豊臣政権』（小学館、一九七五）
②林屋辰三郎『天下一統』（中央公論社、一九六六）
③佐々木潤之介編、日本民衆の歴史3『天下統一と民衆』（三省堂、一九七四）
④日本史の謎と発見9『信長と秀吉』（毎日新聞社、一九七九）
⑤京都の歴史4『桃山の開花』（学芸書林、一九六九）
⑥シンポジウム日本歴史10『織豊政権論』（学生社、一九七二）
⑦論集・日本歴史6『織豊政権』（有精堂、一九七四）

①は一向一揆・南蛮・朝鮮を軸に、国際的視野から叙述している。②は京都や堺の町衆の動きを中心に、この時期に創られた「天下」の実体をとらえようとしている。③は一向一揆から島原の乱までの民衆の闘いのようすを分担執筆したもの。④は信長の安土築城、秀吉の朝鮮侵略、利休の死などを扱っている。⑤

は京都の側からみた織豊政権論で、叙述の密度は濃い。ユニークな都市論を展開している。⑥は朝尾・佐々木・藤木・宮川・脇田の五氏による報告と討論の記録。⑦は佐々木潤之介「統一政権論についてのノート」(「歴史評論」二五三号、一九七一年) など、既発表論文一九編を収めたもので、文献目録と解説がつけられている。

三　戦前の安土桃山時代史

①田中義成『織田時代史』、『豊臣時代史』(ともに明治書院、一九二四)

②徳富猪一郎『近世日本国民史』(民友社、一九二四〜二五)
織田氏時代（一〜三巻)、豊臣氏時代 (四〜六巻)、朝鮮役 (七〜九巻)、安土桃山時代概観（一〇巻)

③日本歴史地理学会編『安土桃山時代史論』(仁有社、一九一五)

④花見朔巳『安土桃山時代』(内外図書、一九二九)

⑤西村真次『安土桃山時代』(早大出版部、一九二二)

⑥吉田東伍『倒叙日本史』第六冊 (早大出版部、一九一三)

⑦渡辺世祐『安土桃山時代史』(早大出版部、一九〇七)

①は講義ノートをもとにしたものだが、政治史として手堅い研究。『講談社学術文庫』に収められたので入手が容易になった。②は「明治天皇御宇記」を書くための由来を織豊期に求めたもので、独自の歴史観

だが豊富な史料が用いられている。体裁をやや改めたうえ『講談社学術文庫』に収められた。③は大津で行なった講演の記録をもとにしたもので、内田銀蔵「織田豊臣二氏の時代に就きての所見」など一三編の論文を収める。一九七六年に日本図書センターから再刊された。④は『綜合日本史大系』第八巻で、この時代を国民的発展が最高潮に達したととらえている。⑤は時代思潮や社会の様相を芸術的表現でとらえようとしたもので、大正デモクラシーの影響が感じられる。⑥は明治時代を起点に、逆に古い時代へと遡って叙述したもので、この時代を「信長の覇業と秀吉の混一」ととらえている。⑦は『大日本時代史』第八巻で、講義録をもとにしている。信長の勤皇から起筆しており、明治期を代表する政治史研究と言えよう。渡辺『豊太閤の私的生活』(創元社、一九三九)は秀吉の家族関係を中心とするもので、『講談社学術文庫』に収められた。

四　人物に関するもの

①鈴木良一『織田信長』(岩波新書、一九六七)、『豊臣秀吉』(同、一九五四)
②奥野高広『信長と秀吉』(至文堂、一九五九)
③桑田忠親『豊臣秀吉研究』(角川書店、一九七五)
④高柳光寿『明智光秀』(吉川弘文館、一九五八)
⑤岩沢愿彦『前田利家』(吉川弘文館、一九六六)
⑥今井林太郎『石田三成』(吉川弘文館、一九六四)
⑦唐木順三『千利休』(筑摩書房、一九六三)

①は人間の闘いの歴史として、専制君主とその時代を描いている。外国人の記録から叙述した岡本良知『豊臣秀吉』（中公新書、一九六三）など、信長・秀吉に関する著書は多い。②は軍事・政治・経済・外交・文化などについて解説したものである。③は秀吉の家臣団構成や五奉行制の由来など、多岐にわたる記述があり、文献目録もある。桑田『太閤記の研究』（徳間書店、一九六五）も要参照。④は信長上洛以降の光秀の動きを中心としたもので、「甲陽軍鑑」などによる誤りを訂正している。⑤は中央政権との関係から利家をとらえたもので、豊富な古文書をもとに人物像を浮き彫りにしている。⑥は三成の生いたちから最期までを、良質の史料で描き、江戸時代以来の歪んだ評価を正している。今井「信長の出現と中世的権威の否定」（前『岩波講座日本歴史』9、一九六三）も必読文献。⑦は中世芸術を特色づける「すき・すさび・さび」に、利休の「わび」を重ねて考察したもの。桑田忠親『千利休研究』（東京堂、一九七六）は詳細な研究で、利休の書状が網羅されている。

五　主として権力構造に関するもの

①山口啓二『幕藩制成立史の研究』（校倉書房、一九七四）
②安良城盛昭『幕藩体制社会の成立と構造』（御茶の水書房、一九五九）
③脇田修『近世封建制成立史論』（東大出版会、一九七七）
④佐々木潤之介『幕藩権力の基礎構造』（御茶の水書房、一九六四）
⑤中村吉治『幕藩体制論』（山川出版社、一九七二）
⑥藤野保『幕藩体制史の研究』（御茶の水書房、一九六一）

⑦北島正元『江戸幕府の権力構造』（岩波書店、一九六四）

①は豊臣政権の経済構造・太閤蔵入地の分析などにより、徳川政権との対比を明確にしつつ、その歴史像を描いている。②は太閤検地の政策基調が一職支配と作合否定であることを明らかにし、その後の農政の展開を跡づけている。附論として「太閤検地の歴史的意義」（「歴史学研究」一六七号、一九五四）を収める。③は封建制再編成説を継承する立場から、石高制・都市政策・権力構造を論じ、朝廷や室町幕府と織豊政権との関係にも着目している。④は小農民の自立過程と軍役の関係を分析し、豊臣政権は過渡的政権であると結論づけている。⑤は戦国大名論のなかで織豊政権にふれ、石高制が封建制にそぐわない面もあることを強調している。⑥は前史として、松平氏の領国形成と織豊政権の成立を概観している。⑦は家康の五か国領有体制と豊臣政権との関係を、検地などを通じて分析しており、両政権の性格の相違を考える手掛りを与えてくれる。

六　主として基礎構造に関するもの

①社会経済史学会編『封建領主制の確立』（有斐閣、一九五七）
②安良城盛昭『歴史学における理論と実証』第Ⅰ部（御茶の水書房、一九六九）
③宮川満『太閤検地論』Ⅰ～Ⅲ（御茶の水書房、一九五七～六三）
④中村吉治『近世初期農政史研究』（岩波書店、一九三八）
⑤脇田修『織田政権の基礎構造』（御茶の水書房、一九七五）
⑥朝尾直弘『近世封建社会の基礎構造』（御茶の水書房、一九六七）

⑦古島敏雄『近世日本農業の構造』（東大出版会、一九五七）

①は太閤検地論争の発端となった大会の記録で、後藤陽一・安良城・宮川の三氏による報告論文が中心となっている。②は古代の班田農民の実証分析からはじまるが、太閤検地に関する論文を主として集めている。安良城『太閤検地と石高制』（ＮＨＫブックス、一九六九）は、より鮮明に著者の見解がうかがえる。③は中世の名体制の分析から、太閤検地の実態におよぶ。Ⅲは土地台帳や法令等を収めた史料集。④は貢租・夫役・人口・身分統制などの史料を博捜して述べたもの。一九七〇年再刊。⑤は土地所有関係と農村構造の分析を中心に、一職支配についての問題を提起している。⑥は畿内における幕藩制的秩序の成立を論じているが、文禄期の耕地の状況と水利関係の検討なども含まれている。朝尾「豊臣政権論」（前『岩波講座日本歴史』9、一九六三）および「『将軍権力』の創出」㈠～㈢（『歴史評論』二四一・二六六・二九三、一九七〇～七四）は必読文献。⑦は天正十七年（一五八九）検地の分析などから、村落構造、入会、農業技術等を論ずる。伊那地方の御館被官関係を論じたことの研究史的な意義は大きい。初刊は一九四三年、日本評論社。

七　アジアを中心とした対外関係史

①藤間生大『東アジア世界の形成』（春秋社、一九六六）
②田中健夫『中世海外交渉史の研究』（東大出版会、一九五九）、『中世対外関係史』（同、一九七五）
③中村栄孝『日鮮関係史の研究』中巻（吉川弘文館、一九六九）
④石原道博『文禄・慶長の役』（塙書房、一九六三）

⑤池内宏『文禄慶長の役』正編第一（南満州鉄道株式会社、一九一四）、別編第一（東洋文庫、一九三六）
⑥参謀本部編『日本戦史・朝鮮役』全三冊（偕行社、一九二四）
⑦内藤雋輔《しゅんぽ》『文禄・慶長役における被擄人の研究』（東大出版会、一九七九）

①は古代から叙述がみられるが、「近世における東アジア認識の精神構造」のなかでキリシタンの問題を論じている。中国・朝鮮側の日本認識に重点が置かれている。②は東アジアの国際関係を、冊封体制を軸として構造的にとらえることを主眼としている。対馬の歴史的位置や朝鮮役のさいの水軍などにも触れられている。③は豊富な朝鮮側の史料にもとづいて、朝鮮役の本質を対外領土獲得のための戦争ととらえている。④は中国側が万暦朝鮮役、朝鮮側が壬辰丁酉役と呼んだこの戦いを、外国史料を中心に描いたものである。⑤は秀吉の対外政策を、朝鮮・明だけでなく、琉球・フィリピン・インドなども含めて検討している。太閤記に依拠した通説の誤りを、いち早く指摘したことは特筆されよう。⑥は軍事史・戦略論の立場で検討したもので、史料集や地図も収録されている。一九七七年、村田書店より再刊。⑦は朝鮮人の刷還記録を中心に分析したもので、従軍した豊後臼杵《うすき》の僧・慶念《ぎょうねん》の日記『朝鮮日々記』の全文を載せている。倭城址研究会編『倭城Ⅰ　文禄慶長の役における日本軍築城遺跡』（同会刊、一九七九）は、綿密な実地踏査をふまえた報告書で、続刊が期待される。

八　ヨーロッパを中心とした対外関係史

①岡本良知『十六世紀日欧交通史の研究』（原書房、一九七四）
②幸田成友『日欧交渉史』（岩波書店、一九四二）

③松田毅一『近世初期日本関係南蛮史料の研究』（風間書房、一九六七）
④松田毅一『大村純忠伝』（教文館、一九七八）
⑤海老沢有道『切支丹史の研究』（新人物往来社、一九七一）
⑥高瀬弘一郎『キリシタン時代の研究』（岩波書店、一九七七）
⑦洞富雄『鉄砲伝来とその影響』（校倉書房、一九五九）

①はイスパニア・ポルトガル船の来航年次の検討から、通商関係などを分析している。六甲書房から一九四二年に出た増訂版の再刊。②はザビエルの布教にはじまり、九州や京畿でのキリシタンの状況に触れている。日蘭・日英関係も記述されている。③はキリシタン文書の詳細な分析を軸に、高山右近の伝記などにも筆がおよんでいる。松田『南蛮のバテレン』（ＮＨＫブックス、一九七〇）や『太閤と外交』（桃源社、一九六六）は平易な叙述。『秀吉の南蛮外交』（新人物往来社、一九七二）は『太閤と外交』の再刊。④は一九五五年に限定出版されたものの増補版で、「日葡関係小史」を附す。横瀬浦・福田浦・長崎と推移したポルトガル貿易と大村氏との関係を中心に描いている。⑤は一九四二年に畝傍書房から出されたものの増訂版。キリシタンと武士道・修験道などとの交渉にみられるように、封建倫理と両立しうる面をもっていたことが明らかにされている。海老沢『日本キリシタン史』（塙書房、一九六六）は手堅い概説書である。⑥は未刊のイエズス会文書を駆使した重厚な研究で、キリシタン教会や宣教師の実体を多面的に描いている。⑦は一九五七年に淡路書房新社から出された『種子島銃』の増訂版。製造技術や国内伝播の実体などを追究し、記述は江戸時代におよぶ。「鉄炮記」「国友鉄炮記」を附す。奥村正二『火縄銃から黒船ま

で』（岩波新書、一九七〇）は江戸時代の科学技術について述べたものであるが、参考になる。

九　思想・文化に関するもの

①辻善之助『日本仏教史』近世篇之一（岩波書店、一九五二）
②芳賀幸四郎『安土桃山時代の文化』（至文堂、一九六四）
③海老沢有道『南蛮学統の研究』（創文社、一九五八）
④水尾比呂志『障壁画史』（美術出版社、一九七八）
⑤西田正好『日本のルネッサンス』（塙書房、一九七七）
⑥松田修『日本近世文学の成立』（法大出版局、一九七二）
⑦河竹繁俊『日本演劇全史』（岩波書店、一九五九）

①は安土宗論、本願寺の東西分立などを中心とした基礎的研究。辻『日本文化史』Ⅳ（春秋社、一九五〇）では、この時代を「文化の復興」と評価している。②は豪華な黄金文化とわび茶、南蛮文化と国風文化など、相対立する傾向をとらえつつ総体として描く。③は天文学・測量術を中心に、近代日本文化の系譜をさぐっている。④は古代中世の荘厳な寺院絵画から、桃山風の装飾画へ移行する過程を述べ、江戸時代におよんでいる。なお、平凡社『日本の美術』、小学館『原色日本の美術』、学研『日本美術全集』、集英社『日本美術絵画全集』、講談社『水墨美術大系』などにもあたるべきであろう。⑤は北山文化から元禄文化までを通観し、この時代の美と芸術について述べている。⑥は信長記、太閤伝説の成立過程を中心に、元禄文学におよんでいる。一九六三年刊の新訂版。荒木良雄『安土桃山時代文学史』（角川書店、一

九六九）も信長記・太閤記などの詳細な分析で、南蛮文学や庶民文学にも触れている。⑦は能・浄瑠璃・曲舞《くせまい》など、この時代にさかれたページは少ないが、全時代を通観し、近代演劇へのつながりを考えるには有益であろう。

一〇　史料

①奥野高広編著『織田信長文書の研究』上・下（吉川弘文館、一九六九〜七〇）

②『大日本史料』第十編（永禄十一年〈一五六八〉九月〜、既刊一六冊）、第十一編（天正十年〈一五八二〉六月〜、既刊一六冊）、ほかに別巻（天正遣欧使節関係史料、二冊）。（東大出版会）

③『大日本古文書』浅野家文書（一冊）伊達家文書（一〇冊）相良家文書（二冊）毛利家文書（四冊）吉川家文書（二冊、別集一冊）小早川家文書（二冊）上杉家文書（三冊・未完）山内首藤家文書（一冊）島津家文書（三冊・未完）など。（東大出版会）

④『信長公記』（『改訂史籍集覧』十九）

⑤『駒井日記』（『改訂史籍集覧』二十五）

⑥『言経卿記』全一四冊予定（『大日本古記録』岩波書店、刊行中）

⑦『多聞院日記』五冊、索引一冊（角川書店）

①は信長の発給文書を網羅的に集めたもの。なお、秀吉文書集としては、日下寛『豊公遺文』（博文館、一九一四）があるが、採録点数が少なく、出典も記されていないのが残念。中村孝也『徳川家康文書の研

究』全五冊（日本学術振興会、一九五八〜七一）の上巻は、織豊期の史料でもある。②は東大史料編纂所による編年体の文書集。現在のところ、第十編は天正元年（一五七三）、第十一編は天正十三年（一五八五）の途中まで刊行されている。ほかに『信濃史料』（同刊行会編）など、時間的経過を追って編纂した文書集は多い。③は同じく家わけの文書集で、大名家の史料としては、藤堂藩の『宗国史』上・下（上野市古文献刊行会編、同朋舎）などがある。公家関係では、『図書寮叢刊・九条家文書』全九冊（宮内庁書陵部編、明治書院）などがある。寺社関係では、『南禅寺文書』上・中・下（桜井景雄ほか編、同寺刊）などがある。地域別の史料集としては、『菅浦文書』上・下（滋賀大学経済学部史料館編、有斐閣）などがある。県史・郡史や市町村史のなかにも、充実した史料編がつけられているものが多い。④は信長の右筆である太田牛一の筆になるもので、奥野高広・岩沢愿彦校訂の角川文庫本は、詳細な解説がつけられている。小瀬甫庵の『太閤記』（『改訂史籍集覧』六）は、成立が寛永期で、秀吉の死後三〇年ほど経過している。戦前刊行の岩波文庫にも収められている。太田牛一の『大かうさまくんきのうち』は、慶大附属斯道文庫蔵のものが影印刊行された（汲古書院、一九七五）。このほか、信長、秀吉の伝記に関するものは数多いが、史料的価値に乏しいものも含まれている。⑤は関白秀次の右筆である駒井重勝の日記で、文禄二年（一五九三）〜四年しか残っていないが、秀吉と秀次との関係をうかがうに好個の史料である。島津義久の家臣が記した『上井覚兼日記』上・中・下（『大日本古記録』）は、天正二年（一五七四）〜十四年（一五八六）、徳川家康の家臣である松平家忠の『家忠日記』二冊（『続史料大成』十九、臨川書店）は、天正五年（一五七七）〜文禄三年（一五九四）が、それぞれ残っている。このほかにも武家の日記や従軍記録は多い。⑥は権中納言・山科言経の日記で、天正四年（一五七六）〜慶長十三年（一六〇八）。父の権大納言・山科言継《ときつぐ》の『言継卿記』は、大永七年（一五二七）〜天正四年（一五七六）で、続群書類従完成会より刊行中。関白・近衛信尹の日記『三藐院記』（『史料纂集』）は文禄元年（一五九二）〜慶長十一年（一六〇六）、勧修寺晴右の日記『晴右記』は永禄八年（一五六五）〜十三年（一五七〇）が、その子勧修寺晴豊の『晴豊記』は天正六年（一五七八）〜文禄三年（一五九四）が現存し、ともに『続史料大成』九に収められている。天皇側近の女官が記した『お湯殿の上の日記』全十一冊（続群書類従完成会）は、江戸時代末期まで続くが、文明九年（一四七七）〜貞享四年（一六八七）が『続群書類従』補遺（全一一冊）として刊行されており、公武の関係を知る素材として利用されている。⑦は興福寺多聞院の僧・英俊らの筆になるもので、文明十年（一四七八）〜元和四年（一六一八）まで続き、公武の動静をよく伝えている。醍醐寺三宝院の門跡・義演の『義演准后日記』は文禄五年（一五九六）〜寛永三年（一六二六）、神祇大副・吉田兼見の『兼見卿記』は元亀元年（一五七〇）〜文禄元年（一五九二）、卜部《うらべ》吉田家の神官で僧侶でもある神竜院梵舜の『舜旧記』は天正十一年（一五八三）〜寛永九年（一六三二）が残されており、いずれも『史料纂集』として刊行中である。『貝塚天満宮移住記』という別名の、東本願寺家『宇野主水記』は、天正十一年（一五八三）〜十四年（一五八六）が、『歴代残闕日記』第二十四巻に収められている。このほかにも僧侶・神官による記録は多数にのぼる。

紙幅の都合で、キリシタン関係、一向一揆関係、文化関係など部門別の史料に触れることができなかった。論文や著書のなかに、どのようなかたちで史料が引用され、具体的な論証に生かされているかを、できるだけ直接に確かめていただきたいと思う。さらに、その論証の手続きが妥当であるかどうかを考えることによって、研究との接点を、みずから発見されることを希望したい。

略年表

西暦	年号	事項
一五四三	天文一二	八月、ポルトガル船、種子島に来航し鉄砲を伝える。
四九	一八	七月、宣教師ザビエル、鹿児島に来航しキリスト教を伝える。
五五	弘治元	四月、織田信長、清洲城に入る。
六〇	永禄三	五月、信長、今川義元を桶狭間に破る。
六三	六	この秋、三河一向一揆おこる。徳川家康の家臣もこれに加わる。
六五	八	五月、足利義輝、三好義継・松永久秀らに殺される。
六七	一〇	八月、信長、斎藤竜興を追放し美濃を支配する。
六八	一一	九月、信長、足利義昭を奉じて京都に入る。
		一〇月、信長、摂津・和泉に矢銭を課す。
七〇	元亀元	一月、信長、将軍義昭に五か条の事書を呈して承認させる。
		六月、信長、家康と連合し、浅井長政・朝倉義景を姉川に破る。
七一	二	九月、信長、比叡山を攻撃し焼き打ちする。

七二	三	一二月、武田信玄、家康を三方ヶ原に破る。
七三	天正 元	七月、信長、足利義昭を京都より追放。室町幕府滅びる。
		八月、信長、浅井・朝倉氏を滅ぼす。
七四	二	九月、信長、長島の一向一揆勢を攻め、全滅させる。
七五	三	五月、信長・家康の連合軍、武田勝頼を長篠に破る。
七六	四	二月、信長、安土に築城を開始する。
七七	五	六月、信長、安土城下に町掟を発布し、楽市と定める。
八〇	八	閏三月、本願寺光佐（顕如）信長と和睦し、石山本願寺を退去する。
八一	九	二月、信長、正親町天皇のまえで馬揃えの儀式を行なう。
八二	一〇	六月、明智光秀、信長を本能寺に討つ。羽柴（豊臣）秀吉、光秀を山崎に破る。
		七月、秀吉、検地をはじめる。これを太閤検地という。
八三	一一	四月、秀吉、柴田勝家を賤ヶ岳に破る。
		五月、秀吉、石山本願寺跡の大坂に入り、築城を開始する。
八四	一二	四月、家康・織田信雄の連合軍、秀吉と小牧・長久手に戦う。
八五	一三	七月、秀吉、関白に任官する。

		八月、秀吉、長宗我部元親を降し、四国を平定する。
		九月、秀吉、唐入り（朝鮮を経て明国へ出兵）の意志を表明する。
一五八六	一四	十二月、秀吉、太政大臣に昇進し、豊臣の姓を授かる。
八七	一五	五月、秀吉、島津義久を降し、九州を平定する。
		六月、秀吉、博多において宣教師追放令を発布する。
		十月、秀吉、北野に大茶会を開催する。
八八	一六	四月、秀吉、長崎を直轄領とする。
		秀吉、後陽成天皇を聚楽第に招待する。
		七月、秀吉、刀狩令および海上賊船禁止令を発布する。
九〇	一八	七月、秀吉、小田原の北条氏政らを滅ぼす。
		八月、家康、江戸城に入る。
九一	一九	七月、秀吉、奥州一揆鎮圧のための軍勢を差しむける。
		八月、秀吉、三か条の身分統制令を発布する。
		九月、秀吉、このころ全国に御前帳・国絵図を徴収する。
		一二月、秀吉、甥の秀次に関白職を譲り、太閤と称する。

九二	文禄元	一月、秀吉、朝鮮を経て明国に出兵するための指令を諸大名に発する。 三月、第一次朝鮮出兵はじまる（文禄の役）。 　秀次、このころ、六六か国に人掃令を発布する。 五月、秀吉、日本・朝鮮・中国を含んだ国割計画を発表する。
九三	二	六月、秀吉、明の使節に七項目の講和条件を示す。
九四	三	一月、秀吉、大坂城を子の秀頼に与えるため、伏見（桃山）に城を築く。 九月、秀吉、島津氏の領国内で検地を実施する。
九五	四	七月、秀吉、秀次の官職を奪い、高野山に追放して自殺させる。
九六	慶長元	閏七月、畿内に大地震。 九月、秀吉、明の使節と大坂城で会見する。和議不成立により再征を決意する。 一一月、秀吉、キリスト教徒二六人を長崎で処刑する。
九七	二	一月、第二次朝鮮出兵はじまる（慶長の役）。 三月、秀吉、五人組・十人組の制度を定める。 四月、秀吉、田の裏作麦の三分の一を年貢として徴収する。
九八	三	一月、秀吉、上杉景勝を越後から会津へ移封させる。

		七月、秀吉、秀頼に対する忠誠を諸大名に誓約させる。
		八月、秀吉死去。五大老、朝鮮から撤兵することを決める。
		九月、家康など、秀頼に忠誠を約束する。これ以後、誓詞の提出などが盛んに行なわれる。
九九	四	一月、秀頼、伏見城より大坂城に移る。 このころから、諸将の対立が激しくなる。
一六〇〇	五	九月、関ヶ原の戦い。家康が実権を掌握する。
三	八	二月、家康、征夷大将軍に任ぜられ、江戸に幕府を開く。
		七月、秀頼、秀忠の娘千姫と結婚する。
四	九	八月、豊国社の臨時祭が行なわれる。
五	一〇	四月、家康、将軍職を辞し、子の秀忠が代わって任命される。
一一	一六	三月、家康、二条城で秀頼と会見する。
		四月、家康、西国諸大名より誓詞を徴収する。
一二	一七	一月、家康、東国諸大名より誓詞を徴収する。
一四	一九	七月、家康、方広寺大仏開眼供養の延期を突然に命ずる。

一五	元和 元	一〇月、家康、豊臣氏征伐の命令を下す（大坂冬の陣）。 一二月、家康、秀頼と和議を結ぶ。 四月、家康、再び豊臣氏征伐を命ずる（大坂夏の陣）。 五月、秀頼、母の淀君とともに大坂城で自殺し、豊臣氏は滅亡する。 七月、秀忠、武家諸法度（一三か条）・禁中并公家諸法度（一七か条）を公布する。
一六	二	四月、家康死去。

本書の原本は、一九八一年に教育社（現ニュートンプレス）より刊行されました。

著者略歴
一九三五年生まれ
東京大学大学院人文科学研究科博士課程満期退学
東京大学史料編纂所職員、名古屋大学教授、神奈川大学特任教授を歴任
現在　名古屋大学名誉教授

〔主要著書〕
『織豊期の国家と秩序』（青史出版、二〇一二年五月予定）、『織豊期の政治構造』（編、吉川弘文館）、『戦国大名論集18豊臣政権の研究』（編、吉川弘文館）

読みなおす日本史

鉄砲とその時代
二〇一二年（平成二十四）七月一日　第一刷発行
著　者　三《み》鬼《き》清《せい》一《いち》郎《ろう》
発行者　前田求恭
発行所　株式会社　吉川弘文館
郵便番号一一三―〇〇三三
東京都文京区本郷七丁目二番八号
電話〇三―三八一三―九一五一〈代表〉
振替口座〇〇一〇〇―五―二四四
http://www.yoshikawa-k.co.jp/
組版＝株式会社キャップス
印刷＝藤原印刷株式会社
製本＝ナショナル製本協同組合
装幀＝清水良洋・渡邉雄哉

ISBN978-4-642-06383-8

刊行のことば

現代社会では、膨大な数の新刊図書が日々書店に並んでいます。昨今の電子書籍を含めますと、一人の読者が書名すら目にすることができないほどとなっています。ましてや、数年以前に刊行された本は書店の店頭に並ぶことも少なく、良書でありながらめぐり会うことのできない例は、日常的なことになっています。

人文書、とりわけ小社が専門とする歴史書におきましても、広く学界共通の財産として参照されるべきものとなっているにもかかわらず、その多くが現在では市場に出回らず入手、講読に時間と手間がかかるようになってしまっています。歴史の面白さを伝える図書を、読者の手元に届けることができないことは、歴史書出版の一翼を担う小社としても遺憾とするところです。

そこで、良書の発掘を通して、読者と図書をめぐる豊かな関係に寄与すべく、シリーズ「読みなおす日本史」を刊行いたします。本シリーズは、既刊の日本史関係書のなかから、研究の進展に今も寄与し続けているとともに、現在も広く読者に訴える力を有している良書を精選し順次定期的に刊行するものです。これらの知の文化遺産が、ゆるぎない視点からことの本質を説き続ける、確かな水先案内として迎えられることを切に願ってやみません。

二〇一二年四月

吉川弘文館

読みなおす日本史

飛　鳥 その古代史と風土　門脇禎二著　二六二五円
犬の日本史 人間とともに歩んだ一万年の物語　谷口研語著　二二〇五円
鉄砲とその時代　三鬼清一郎著　二二〇五円
苗字の歴史　豊田　武著　（続　刊）
謙信と信玄　井上鋭夫著　（続　刊）
環境先進国・江戸　鬼頭　宏著　（続　刊）
料理の起源　中尾佐助著　（続　刊）
禅宗の歴史　今枝愛真著　（続　刊）
漢字の社会史 東洋文明を支えた文字の三千年　阿辻哲次著　（続　刊）
暦の語る日本の歴史　内田正男著　（続　刊）
江戸の刑罰　石井良助著　（続　刊）

吉川弘文館